罗马法民法大全翻译系列

CORPUS IURIS CIVILIS

DIGESTA

学说汇纂

（第八卷）

地役权

陈 汉 译

[意] 纪蔚民 校

中国政法大学出版社

OSSERVATORIO SULLA CODIFICAZIONE E SULLA FORMAZIONE DEL GIURISTA IN CINA NEL QUADRO DEL SISTEMA GIURIDICO ROMANISTICO

"Sapienza" Università di Roma Università della Cina di Scienze Politiche e Giurisprudenza (CUPL) Dipartimento Identità Culturale—C. N. R.

Volume stampato con il contributo dello stesso Osservatorio

De servitutibus
Traduzione in cinese con latino in confronto

A cura di Sandro Schipani
Ordinario di Diritto romano, "Sapienza" Universita'di Roma
Traduzione in cinese di Chen Han
Universita'di CUPL
Con collaborazione di Giuseppe Terracina
Ricercatore, Universita' di Roma "Tor Vergata"

序

《学说汇纂》第八卷是关于地役权部分的。此卷分为六小节，主要论述了以下几个主题:[1]

1. 关于役权的基本介绍 (D. 8, 1)

(1) 人役权与地役权之间的区别 (D. 8, 1, 1);

(2) 土地上的役权与土地上建筑物的役权之间的区别 (D. 8, 1, 3);

---

[1] 我们注意到，任何一节的原始文献诸片段并没有统一地、系统地出现，而是由优士丁尼时期的法学家们所组成的一个委员会对古典法时期的作品进行删选后排列〔对于此项工作，参见〔意〕朱塞佩·格罗索:《罗马法史》，黄风译，中国政法大学出版社 1994 年版;"罗马法研究扬弃优士丁尼《学说汇纂》以继续发展和解释罗马法体系"，曾健龙译，载《罗马法与现代民法》（第 6 卷），厦门大学出版社 2008 年版〕。因此，一方面我将每节所论述的主题都列了出来，并且对有些另作索引;另一方面我也改变了这些文献的出现顺序，但并不是想对此进行现代逻辑或者法理上的重新排列。我走了一条中间道路，在尊重优士丁尼时期法学家们的排列顺序的前提下做了微调。

（3）役权的设立：

（I）共有土地役权的设立（D. 8，1，2；同时也参见下面4）；

（II）与人役权设立的相似之处（D. 8，1，5pr.）；

（III）对役权行使方式的进一步约定的可行性（D. 8，1，4；D. 8，1，5，1；同时参见下面的4）；

（IV）在土地的特定部分设立役权（D. 8，1，6）；

（V）确定役权行使的具体位置（D. 8，1，9；同时参见下面的3）；

（VI）役权的内容：类型化、对土地的利用；容忍与支持（D. 8，1，7-8；D. 8，1，13；D. 8，1，15；D. 8，1，19；v. anche *infra*B，CeD. 8，5，6，2；D. 8，5，8pr.；D. 8，5，8，2）。

（4）附属性的义务（D. 8，1，10；v. anche *infra* B e C）；

（5）要求供役地必须是可流通物（D. 8，

1，14，2；参见下面的4）；

（6）役权的不可分性（D. 8，1，17；参见下面的4）；

（7）关于役权"占有"的问题（D. 8，1，20；同时参见下文）；排除役权被时效取得的可能性（D. 8，1，14pr.）；

（8）关于私法保护与公法保护（D. 8，1，14，1）。

2. 城市役权（D. 8，2）

（1）役权的内容、类型、建筑物现状与未来的状况：限制加高役权、禁止挡光役权、排水役权、搭梁役权、支撑役权、排烟役权，等等（D. 8，2，2～4；D. 8，2，12；D. 8，2，15～17；D. 8，2，20，2～24；D. 8，2，31；D. 8，2，33；D. 8，2，36；D. 8，2，41；D. 8，5，8，1；D. 8，5，8，5；D. 8，5，8，7）；前述内容之外对所有权的限制及保护的情况（D. 8，2，9～11；D. 8，2，13pr.；D. 8，2，14；D. 8，2，18～19；D. 8，2，25；D. 8，2，27～29；D. 8，2，41，1；参见下文

5 中关于役权否认的部分论述）;

（2）附属的内容（D. 8, 2, 20, 1）;

（3）与乡村役权所区别之处，即因为时效而获得了役权负担的解除（D. 8, 2, 6; D. 8, 2, 32）;

（4）役权占有的问题与建筑物占有的问题（D. 8, 2, 20pr.; D. 8, 2, 32, 1）。

3. 乡村役权（D. 8, 3）

（1）役权的内容、类型：个人通行役权、运输通行役权、引水权、汲水权、饮畜权、放牧权、烧制石灰权、采砂权等（D. 8, 3, 1pr. ~1; D. 8, 3, 2pr.; D. 8, 3, 3pr. ~2; D. 8, 3, 7~9; D. 8, 3, 12; D. 8, 3, 15; D. 8, 3, 30）; 与土地未来状况之间的关系（D. 8, 3, 10; D. 8, 5, 21）;

（2）附属性的内容（D. 8, 3, 3, 3; D. 8, 3, 6, 1; D. 8, 4, 11; D. 8, 5, 4, 5; D. 8, 6, 17）; 对役权内容的限制（D. 8, 3, 29）;

（3）役权行使地点的确认（D. 8, 3, 13,

1~3；D. 8, 3, 21~22；D. 8, 3, 26；D. 8, 3, 28)；

4. 城市役权与乡村役权之间的共同要素 (D. 8, 4)：

(1) 与土地的相关性 (D. 8, 4, 1, 1)；

(I) 供役地必须是可流通物 (D. 8, 4, 2；D. 8, 2, 1pr.；D. 8, 3, 38)；

(II) 供役地与需役地必须相邻 (D. 8, 3, 5, 1；D. 8, 2, 38~39)，但是并不意味着直接邻接 (D. 8, 4, 7, 1；D. 8.2, 1pr.)；

(III) 必须是属于土地的使用需要 (D. 8, 3, 4；8, 3, 5, 1~6；D. 8, 3, 13pr.；D. 8, 3, 33, 1)；由个人享有的属于非常态的役权 (D. 8, 3, 37)；

(IV) 役权附属于土地所有权 (D. 8, 4, 12；D. 8, 3, 36；D. 8, 3, 23, 2)；

(V) 供役地与需役地必须分别属于不同的所有权人 (D. 8, 2, 13, 1；D. 8, 2, 26；D. 8, 2, 40；D. 8, 3, 31；D. 8, 3, 33, 1；D. 8, 4, 10；参见下文相关部分；役权因混合

而消灭；役权不可分性）。

（2）设立役权的方式：

（Ⅰ）在转让之时的保留设立（D. 8，4，3；D. 8，4，5～6；D. 8，4，8～9；D. 8，2，34～35）；通过特定方式设立（D. 8，4，7pr.；D. 8，4，10）；

（Ⅱ）简约与要式口约（D. 8，3，33pr.）；

（Ⅲ）通过交付与容忍（D. 8，3，1，2）；

（Ⅳ）拟诉弃权（D. 8，5，8，1）；

（Ⅴ）多个共有人设立役权（D. 8，4，18）；

（Ⅵ）默认设立（D. 8，5，20）。

（3）役权的不可分性：不可分性与役权的消灭（D. 8，4，6，1；D. 8，2，30，1；D. 8，3，11；D. 8，3，18～19；D. 8，3，27；D. 8，3，31～32；D. 8，3，34pr.；诉权的行使，参见下面的5）。

（4）役权的行使不得有损于其他役权（D. 8，3，14）；

（5）对役权法定内容的修正与限制（D. 8，4，14～15；D. 8，3，2，1～2，2）。

5. 役权的确认与否认（D. 8, 5）

（1）确认之诉的原告：所有权人，或者需役地的所有权人（D. 8, 5, 1；D. 8, 5, 6, 3；D. 8, 5, 4, 3~4；D. 8, 5, 19），或者通过扩用之诉由赋税地权利人与担保权人提起（D. 8, 1, 1, 16）；

（2）确认之诉的被告（D. 8, 5, 6, 3；D. 8, 5, 10, 1；D. 8, 5, 15；D. 8, 2, 1, 1）；

（3）否认之诉的原告：即否认其土地负担役权的所有权人（D. 8, 5, 4, 7；D. 8, 5, 13；D. 8, 5, 17）；

（4）关于是诉讼中确定"占有"的问题（D. 8, 5, 6, 1~2）；

（5）恢复原状；担保恢复原状；担保不再妨碍役权行使；损害与利益（D. 8, 5, 7；D. 8, 5, 12；D. 8, 5, 4, 2；D. 8, 5, 6, 6；D. 8, 5, 18）；

（6）损害赔偿（D. 8, 5, 7后部分文字）。

6. 役权消灭的方式（D. 8, 6）

（1）混合（D. 8, 6, 1；D. 8, 1, 18；

D. 8, 2, 30; D. 8, 4, 9);

(2) 未使用及役权负担因时效而解除（使用的方式及役权负担的解除；未使用的期限；役权未使用期限的计算与中断问题）：（D. 8, 6, 2~12; D. 8, 6, 18~25; D. 8, 2, 7; D. 8, 2, 32; D. 8, 3, 18; D. 8, 3, 34, 1~35; D. 8, 5, 9, 1; D. 8, 4, 17);

(3) 恢复（D. 8, 6, 6, 1b; D. 8, 2, 32pr. 后半段; D. 8, 3, 34pr.); 默认的弃权（D. 8, 6, 8pr.);

(4) 土地的消失（D. 8, 6, 14pr.);

(5) 授予人的权利消灭之时（D. 8, 6, 11, 1);

(6) 役权的特别约定（D. 8, 3, 13pr.)。

本卷与《学说汇纂》第六卷不同，与第七卷更为相似：都是直接论述一项权利本身、权利的取得与消灭、对权利的保护等。与第七卷一样，本卷也并没有穷尽所有关于役权的规定，关于役权的规定还散见于其它若干卷：如对役权的令状保护（D. 43, 19~23)、新施工告

示（D. 39，1）、禁止邻居改变排水渠的诉权（D. 39，
3，25）；对役权的侵权责任的规定（D. 9，2，27，32）。
当然对于役权的侵权责任的规定，并不属于物权法的范
畴，只是与对役权的救济相关。

役权是一项非常古老的制度，在古老的要式物（res
mancipi）中就有役权的身影。对役权的理论论述，则是
开始于将之视为如同所有权一样在物上的一项权利：对
通行权、引水权等通过之地类似于所有权的一项权利。
当时的理论认为，役权所通过之处"属于"权利人，但
是属的内容则与所有权有所不同：役权的权能并不包
括所有权所拥有的对物使用与支配这两项权能。随着城
市的发展，城市役权的发达使得不能再将役权视为权利
人对某个具体的物的权利：比如对于为采光目的而设立
的限制加高役权。随着这些发展，法学家们对役权的性
质开始了更深层次的思考：役权是对供役地所有权的限
制以满足需役地的使用，法学家们将这些使用的内容进
行了类型化而形成了若干典型的役权。[1]

---

[1] 参见 G. Grosso, *Schemi giuridici e società nella storia del diritto privato roma-no. Dall'epoca arcaica alla giurisprudenza classica*：*diritti reali e obbligazioni*, 都灵，1970 年，第 243 页及后。

法学家们对役权的深刻研究，在没有任何立法参与
的情况下，真正创设并完善了这些制度：役权是权利人
与供役地之间的关系，这一点表现为役权之诉属于对物
之诉这一点之上，即是人与物的关系，而不是人与人之
间的关系[1]。役权确认之诉也是依据原物返还之诉来建
构的，并且依役权的性质做了相应的调整，但是原物返
还之诉的一些基本特征还是保留了下来。事实上，对物
之诉最初是由各个与物直接相关的诉讼发展起来而成为
一个统一的诉讼的，成为了所有保护物权的诉讼的统称
（参见 Gai. 4，1；J. 4，6，1）。

在程式诉讼时代，对物之诉的程式已经非常固定，
并且提出对物之诉的请求也非常简明。

对于役权确认之诉，也即通过此诉主张存在着一项
役权，程式要求应当如下表述："提丘是法官。如果表明
奥罗·阿杰留有他起诉主张的那块土地上的通行权，但
是如果没有依据法官所判定的模式确保原告的役权的话，
如果被告应当负责的话，那么你作为法官将判决努梅留
·内基多向奥罗·阿杰留支付诉讼估价。"不言而喻，必
须在诉讼程式中说明所要求确认的役权的种类。有时候，

<hr/>

[1] 参见 G. Grosso, *Le servitù prediali nel diritto romano*，都灵，1969 年。

原告主张的并不是要求供役地所有权人支持原告做某事，而是主张供役地所有权人在未经原告同意的时候不得做如果没有役权则可以自由做的某事。比如可以在诉讼请求中进行如下表述："提丘是法官。如果表明努梅留·内基多未经奥罗·阿杰留同意无权在诉讼所涉及的那块土地上建造超过某个高度的建筑物，若非事实，则开释之。"[1]

对于否认役权之存在的否认之诉，则可以进行如下表述："提丘是法官。如果未经奥罗·阿杰留的同意，努梅留·内基多无权在诉讼所涉及的土地上通行……。"如果所涉及的是否认所有权的某些权能受到限制的话，则可以进行如下表述："提丘是法官。如果表明奥罗·阿杰留有在诉讼所涉及的土地上，无论努梅留·内基多的意思如何都可以加高其建筑物，并且如果……。"

确认之诉，就如我们所观察到的，是以供役地为出发点，需役地的所有权人有权要求供役地所有权人支持其在供役地上做某事，或者要求供役地所有权人不做原

〔1〕 参见 O. Lenel, *Das Edictum perpetuum*, 1927 年版, Aalen 1974 年重新印刷, 第 193 页。其他的可参考 G. Segré, *La clausola restitutoria*, in *BIDR*, 41, 1933, 17 ss.

本可以做的事情。但是作为对物之诉，此诉首先是针对物的，因而供役地的所有权人完全有权不进行应诉。此项原则在 D. 50，17，156 中有过明确记载："任何人不必违背其意愿而被迫就对物之诉进行应诉"；因此被起诉者可以拒绝担当诉讼被告，同时也意味着放弃了反驳原告请求的权利。[1]

权利的结构与内容和诉讼规则是相辅相成的，它们是同一块硬币的两面。无论是权利还是诉讼都是与物相关的；权利的内容可以是受约束而不妨碍或者不侵扰他人权利的行使；如果被诉之人放弃反对对方则是足以满足原告即需役地所有权人的诉权；因此，就如古老的法谚所言"役权不是要求他人做什么，而是要求他人不做什么或者容忍权利人做什么"。

从这个角度看，对于 D. 8，2，33 应当认真解读以防止出现错误的理解。在这个片段中，我们可以看出作为义务与容忍的支持义务之间的区别，对于前项，供役地所有权人是不必负担的。正是在这样的框架下，我们可以进一步理解拉贝奥的理论论述："负担役权的是物，而不是人"（D. 8，5，6，2）。但是，在役权保护的层

─────────

[1] 参见《学说汇纂》第 6 卷中文译文的序言。

面，有时候则会涉及放弃抗辩的人的给付行为，或者是根据法官的命令确保他人役权的行使，或者保证他不做任何有违于役权的事情（D. 39，1，15；D. 8，5，12）。事实上这与"役权不是迫使某人做某事"这一原则并不冲突，因为只是提供担保，如果不违背容忍与不作为的义务，那么此项担保本身并不直接产生债的效力。此外，一般由法官根据其职权来具体适用此项原则以便妥善解决纠纷而不至于继续争议。

役权权利人只能向物提出请求，这一点也意味着排除了在役权之上再设立役权（或者用益权）的可能性，即"役权之上不得再设役权（servitus servitutis esse non potest）"（参见 D. 33，2，1，谈到役权之上不得再设立用益权；D. 8，3，33，1；对于此项规则，罗马法学家们也讨论甚多）。

从诉讼程式上看，也暗含着另一个意思，即役权的双重性：除了被称作役权之外，也被称作"土地的权利（iura praediorum）"，也就是说属于需役地的土地的权利。

将地役权本质性地连接于土地的结果是：没有需役地则不能设立役权，即不能为人设立役权；地役权附随性，即附随于需役地；役权以满足需役地本身的需求为要件，即使是需役地将来的需要；供役地与需役地应当是邻近的（praedia vicina esse debent），即使是不直接相邻；役权的内容以满足需役地的需求为限，而不能以满足需役地所有权人或者所有权人所从事的事业的需求为标准（役权也不能以当时的所有权人的有生之年为限）。

役权与需役地之间的联系让人觉得役权是需役地的一种品质。法学家杰尔苏（D. 50，16，86）曾经问道：地役权除了给土地增加一项品质之外还有什么，就是土地的一种品质、一种有益性或者延伸性？

从程式中也可以看出役权的内容，当然这些内容在具体个案中有所不同，役权的各种权能的实现一般而言是属于需役地的所有权人来支配。作为一项使用的权能，基于逻辑的考虑，役权也能由多人来行使，但是役权本身是不可分的。此外，作为需役地所有权人的一项额外的使用权能，需役地所有权人不能同时为供役地所有权人：否则的话，这项权能与作为供役地所有权对土地使用的权能就重合了，这就是法谚所言（参见 D. 8，2，26）的"对于自己的土地不能拥有役权（nemini res sua servit）"（作为例外，存在同时对供役地或者需役地拥有共有份额的情况）。

　　尽管承认役权法定这一原则，古典法时期的法学家们却认为役权是一系列类似权利的一个总称。优士丁尼时期的法学家们则在将众多役权抽象为一个类型之时做了新的贡献：第八卷的第 1 节与第 4 节被认为是役权的一般规定，而第 5 节与第 6 节则论述对所有役权的程序法保护以及对所有役权都适用消灭模式。应当说，当时已经为今天的"役权非法定化"做好了准备：役权的内容可以由当事人通过意思自治在遵守一些基本原则的前提下自主约定；立法确实类型化了一些役权，但是当事人可以对这些类型化的役权根据实际需求通过约定做出调整与补充，这已经类似于合同了。对于役权的类型化，役权的基本规则是否适用于各种类型的役权特别是常见的类型存在着争议；因此，从历史上看，适用于所有类型的役权的基本规则都是在对现实情况的不断妥协与协调中产生并成熟的，并且随着社会的不断发展也在不断地改进。如果这些规则没有归纳好，就很有可能产生不能适用于所有役权的风险。

　　我们非常关注中国的《物权法》，并将之翻译成了意

大利文在意大利出版。[1] 中国《物权法》第十四章规定
了地役权。《物权法》第 156 条对于地役权的定义，在我
看来，与罗马法的规定甚为相似：该定义强调了供役地
与需役地之间的关系以及对需役地的效益问题。因此，
我认为《学说汇纂》第八卷的翻译，能够为中国《物权
法》提供更多的信息与资料，甚至对将来的司法解释有
用。此处不是进行对照研究的地方，但是我还是想举几
个例子。比如第 159 条与第 160 条的规定，就涉及罗马法
学家们曾经讨论过的关于在明确约定的使用之外的其他
附属性权能的问题（参见 D. 8，1，10；D. 8，2，20，
1；D. 8，3，3，3；D. 8，3，6，1；D. 8，4，11；
D. 8,5，4，5；D. 8，6，17；以及关于地役权内容限制
的 D. 8，3，29）；其他还有在地役权内容方面的容忍支
持、不作为与作为之间的区别（事实上，从第 160 条关
于"限制"的规定，我们也看到供役地所有权人的作为
义务是被明确排除的）。另外一个例子是，第 164 条关于
地役权的附属性的规定，在 D. 8，4，12；D. 8，3，
36；D. 8,3，23，2 中也能找到与其对应之处。另外一个

---

〔1〕 意大利文译文由纪蔚民（Giuseppe Terracina）博士翻译完成，Giappichelli
出版社，2008 年版。

问题，即役权与土地用益之间的关系，这个与现行法律
对土地制度的规定相关，比如与需役地所有权、使用权
的期限等相关（参见第 161 条以及 D. 8，6，11，1 的规
定）。还有很多值得我们进行比较研究的地方，这些材料
也给我们将来的深入研究提供了非常好的素材。

如同第六卷一样，本卷的中译本是由中国政法大学
的陈汉博士从拉丁文翻译的。译文经过了纪蔚民博士的
校对（就某些片段的法学问题，陈汉博士还与阿尔多·
贝特鲁奇教授以及和我本人进行了商讨）。去年，陈汉博
士在罗马出色地通过了博士论文答辩。今年他又重返罗
马，从事本书的翻译以及侵权行为法的研究工作。所有
这些均是"罗马法体系下中国的法典化研究及法学人才
培养中心"主持的项目的一部分。该中心由罗马第一大
学、罗马第二大学、意大利国家科研委员会、中国政法
大学共同组建。类似的工作曾经有过，如《民法大全选
译》中关于《物与物权》，其中也有部分包括役权。《物
与物权》一书在添加了一些新的拉丁文片段之后，由费
安玲教授做了重新翻译。将《学说汇纂》第八卷进行整
卷翻译是我们的另外一个项目，此卷提供了更为丰富的
罗马法原始文献，更多的法学家们讨论的内容，这样也

使得我们能从更全面的角度来了解役权制度。陈汉博士的工作，即此次《学说汇纂》共两卷的翻译，是一项非常值得肯定的工作。本书的出版得到了该研究中心的赞助，且适逢在北京召开的第四届罗马法国际大会。本届会议的主题是："罗马法·中国法·法典化"，其中一个会议单元将集中讨论物权法，尤其是农村土地的相关问题。

桑德罗·斯奇巴尼

罗马第一大学罗马法教授

2009 年 7 月 17 日于罗马

译者说明

为了尊重原作的历史风貌和给读者一个整体上的认识，就本卷《学说汇纂》的拉丁语版本、添加、译者注等问题，特做如下说明。

一、版本问题

1. 拉丁文原文的版本，来源于意大利罗马第一大学斯奇巴尼教授主编：《IUSTINIANI AUGUSTI DIGESTA SEU PANDECTAE》，MILANO-DOTT. A. GIUFFRE EDITORE-2005.

2. 此版本以蒙森版本（Corpus Iuris Civilis, Volumen Primnum, …Digesta, recognovit Theodorus Mommsen, Retractavit Paulus Krueger [edition stereotypa duodecima, 1911], rist. Hildesheim, 2000）为基础做了少量的修订而成。拉丁文注脚中对此版本与蒙森版本（注脚中以"Mo. -Kr."指代蒙森版本）的出入之处都逐一做了说明，说明符号表示如下：

< > 相对于蒙森版本添加的拉丁语字母或者词语

　　[　]　　相对于蒙森版本删除的拉丁语字母或者词语

　　「　」相对于蒙森版本替换的拉丁语字母或者词语

二、文中的标点符号问题

　　1. 优士丁尼《学说汇纂》成书时代并没有标点。蒙森版本的《学说汇纂》中，添加的是距今一百多年的德国式标点，与现代中文中的标点用法存在着一定的差异。因此，译文中的标点，与拉丁文中的标点没有完全一一对应，而是根据中文习惯做了调整。

　　2. 部分拉丁文片段结尾之处没有标点，或者是逗号，或者是冒号。这是因为这些片段并不完整，而是与其下一片段连在一起共同构成一个完整的表述。

三、中文的添加问题

　　在译文中，为了语句通顺、确切含义的目的，在译文中做了部分"添加"。添加的词语都用【】括起来，表示括号中的词在拉丁文中并没有完全对应的词，是作者的添加。

　　特此说明。

译　者

2009 年 9 月

目 录

Index

I   DE SERVITUTIBUS ·································· (2)

II   DE SERVITUTIBUS PRAEDIORUM

URBANORUM ································· (20)

III   DE SERVITUTIBUS PRAEDIORUM

RUSTICORUM ······························· (66)

IV   COMMUNIA PRAEDIORUM TAM URBANORUM

QUAM RUSTICORUM ····················· (108)

V   SI SERVITUS VINDICETUR VEL AD ALIUM

PERTINERE NEGETUR ···················· (130)

VI   QUEMADMODUM SERVITUTES

AMITTUNTUR ······························· (166)

第一节　论役权 ……………………………………（3）

第二节　论城市役权 ………………………………（21）

第三节　论乡村役权 ………………………………（67）

第四节　城市役权与乡村役权的共同要件 ………（109）

第五节　论役权的确认与否认 ……………………（131）

第六节　地役权消灭的方式 ………………………（167）

优士丁尼学说汇纂

第八卷

地役权

IUSTINIANI AUGUSTI DIGESTA SEU PANDECTAE

LIBER VIII

DE SERVITUTIBUS

I
DE SERVITUTIBUS

D. 8. 1. 1   *Marcianus libro tertio regularum*

Servitutes aut personarum sunt, ut usus et usus fructus, aut rerum, ut servitutes rusticorum praediorum et urbanorum.

D. 8. 1. 2   *Ulpianus libro septimo decimo ad edictum*

Unus ex dominis communium aedium servitutem imponere non potest.

D. 8. 1. 3   *Paulus libro vicensimo primo ad edictum*

Servitutes praediorum aliae in solo, aliae in superficie consistunt.

第一节
论役权

D. 8，1，1　马尔西安:《规则集》第 3 卷

役权或者是人役权，比如使用权（usus）和用益权（usus fructus），或者是地役权，比如乡村地役权（servitutes rusticorum）和城市地役权（servitutes urbanorum）。

D. 8，1，2　乌尔比安:《论告示》第 17 卷

共有建筑物的共有人之一不能单独（在共有物上）设立役权。

D. 8，1，3　保罗:《论告示》第 21 卷

地役权有的设立在土地之上，而另外一些则设立于土地上的物。

D. 8. 1. 4pr.   *Papinianus libro septimo quaestionum*

Servitutes ipso quidem iure neque ex tempore neque ad tempus neque sub condicione neque ad certam condicionem (verbi gratia "quamdiu volam") constitui possunt: sed tamen si haec adiciantur, per[1] pacti vel per doli exceptionem occurretur contra placita servitutem vindicanti: idque et Sabinum respondisse Cassius rettulit et sibi placere.

D. 8. 1. 4. 1

Modum adici servitutibus posse constat: veluti quo genere vehiculi agatur vel non agatur (veluti ut equo dumtaxat) vel ut certum pondus vehatur vel grex ille transducatur aut carbo portetur.

D. 8. 1. 4. 2

Intervalla dierum et horarum non ad temporis causam, sed ad modum pertinent iure constitutae servitutis.

---

[1]   < per > , vd. Mo. – Kr. , nt. 2.

D. 8，1，4pr.　帕比尼安：《问题集》第7卷

从严格的法律意义上讲，役权设立之时不能附以"从某个时间开始"、"直到某个时候"，不能附以【停止】条件，也不能附以某一确定事件成就的条件【比如当我想要时】。然而，如果加上了上述要素，则可以用简约抗辩或者恶意抗辩来对抗那些违背协议要求收回役权的人。卡西说萨宾是这样解答的，卡西自己也表示赞同。

D. 8，1，4，1

无疑可以加上如何行使役权的方式（modus）的约定：哪些类型的车可以或者不可以通行【比如只能骑马通行】，或者运输的最重负担为多少，只能通行某个特定羊群，或者被运输的只能是炭。

D. 8，1，4，2

每天的时间长短或者具体时辰并不涉及期限的问题，而是涉及符合法律规定的役权行使的方式（modus）。

D. 8. 1. 5pr. *Gaius libro septimo ad edictum provinciale*

Via iter actus ductus aquae isdem fere modis constituitur, quibus et usum fructum constitui diximus.

D. 8. 1. 5. 1

Usus servitutium temporibus secerni potest, forte ut quis post horam tertiam usque in horam decimam eo iure utatur vel ut alternis diebus utatur.

D. 8. 1. 6 *Paulus libro vicensimo primo ad edictum*

Ad certam partem fundi servitus tam remitti quam constitui potest.

D. 8. 1. 7 *Ulpianus libro tertio decimo ad legem Iuliam et Papiam*

Ius cloacae mittendae servitus est.

D. 8. 1. 8pr. *Paulus libro quinto decimo ad Plautium*

Ut pomum decerpere liceat et ut spatiari et ut cenare in alieno possimus, servitus imponi non potest.

D. 8, 1, 5pr. 盖尤斯：论《行省告示》第 7 卷

道路通行权、个人通行权、运输通行权、导水权的设立，与我们此前谈到的用益权的设立模式几乎一模一样。

D. 8, 1, 5, 1

可以根据时间段的不同分别行使役权，比如说某人在三点到十点期间行使役权，或者说隔天行使役权。

D. 8, 1, 6 保罗：《论告示》第 21 卷

可以在一块土地的特定部分消灭或者设立役权。

D. 8, 1, 7 乌尔比安：《论尤里安与帕比亚法》第 13 卷

建造一条下水渠道的权利是役权。

D. 8, 1, 8pr. 保罗：《论普拉蒂》第 15 卷

不能为了获准在他人土地上采摘果实、散步或者野餐而设立一项役权。

D. 8. 1. 8. 1

Si praedium tuum mihi serviat, sive ego partis praedii tui dominus esse coepero sive tu mei, per partes servitus retinetur, licet ab initio per partes adquiri non poterat.

D. 8. 1. 9   *Celsus libro quinto digestorum*

Si cui simpliciter[1] via per fundum cuiuspiam cedatur vel relinquatur, in infinito, videlicet per quamlibet eius partem, ire agere licebit, civiliter modo: nam quaedam in sermone tacite excipiuntur. non enim per villam ipsam nec per medias vineas ire agere sinendus est, cum id aeque commode per alteram partem facere possit minore servientis fundi detrimento. verum constitit, ut, qua primum viam direxisset, ea demum ire agere deberet nec amplius mutandae eius potestatem haberet: sicuti Sabino quoque videbatur, qui argumento rivi utebatur, quem primo qualibet ducere licuisset, posteaquam ductus esset, transferre non liceret: quod et in via servandum esse verum est.

D. 8. 1. 10   *Idem libro octavo decimo digestorum*

Si iter legatum sit, qua nisi opere facto iri non possit, licere fodiendo substruendo iter facere Proculus ait.

---

[1] ⌜simplicius⌝, vd. Mo. – Kr., nt. 6.

D. 8, 1, 8, 1

如果对你的土地拥有一项役权，无论我成为你部分土地的所有权人，还是你成为我部分土地的所有权人，役权都被部分保留，尽管役权不能自始部分取得。

D. 8, 1, 9 杰尔苏：《学说汇纂》第 5 卷

如果转让或者给予某人一条他人土地上的道路通行权，但是没有明确的路线，那么将被允许不受限制地个人通行及运输通行，也就是说，只要是以一种常规的方式可以在该土地的任何地方通行：因为在口头表述中，有些内容是默认地被排除的。事实上，如果在同样便利的条件下能够另做通行或者能够更少地损害供役地的话，人们不允许穿过农庄或者葡萄园中间让个人通行或者运输通行。实际上，个人和运输通行都应当沿着最初形成的通道通行，而没有改变它的权利；萨宾似乎也这么认为，他举例说在最初可以随意通行，但一旦形成了通道，则不能改变路线；上述规则也应适用于道路通行权（via）。

D. 8, 1, 10 同一作者：《学说汇纂》第 18 卷

如果某人被遗赠以个人通行权，而他只有在进行某些施工后才能行使其权利，普罗库勒说那么允许他通过挖掘和铺路面来修建一条道路。

D. 8. 1. 11   *Modestinus libro sexto differentiarum*

Pro parte dominii servitutem adquiri non posse volgo tradi-
tur: et ideo si quis fundum habens viam stipuletur et partem fundi sui postea alienet, corrumpit stipulationem in eum casum de-
ducendo, a quo stipulatio incipere non possit. pro parte quoque
neque legari neque adimi via potest et, si id factum est, neque
legatum neque ademptio valet.

D. 8. 1. 12   *Iavolenus libro quarto epistularum*

Non dubito, quin fundo municipum per servum recte servitus adquiratur.

D. 8. 1. 13   *Pomponius libro quarto decimo ad Quin-
tum Mucium*

Si tam angusti loci demonstratione facta via concessa fuerit,
ut neque vehiculum neque iumentum ea inire possit, iter magis
quam via aut actus adquisitus videbitur: sed si iumentum ea duci
poterit, non etiam vehiculum, actus videbitur adquisitus.

D. 8，1，11　莫德斯丁:《区别集》第6卷

人们普遍认为不能在【土地的】部分上取得地役权;因此,如果有人通过订立一个要式口约以设立一项道路通行权,然后将土地的一部分转让给了他人,由此导致了要式口约的无效,也使得土地陷入了一种状况,使之自始不能设立该要式口约。此外,不能在遗赠中将此项道路通行权部分赠与他人,也不能部分撤销,如果确实这么做了,该项遗赠与撤销都无效。

D. 8，1，12　雅沃伦:《书信集》第4卷

毫无疑问的是,可以通过奴隶为一个自治市正确地取得一项役权。

D. 8，1，13　彭波尼:《论昆图斯·穆奇乌斯》第14卷

如果授予一项道路通行权,但确定下来的地方是如此的狭窄以至于既不能让车通行也不能让驮兽通行,那么所设立的应当是个人通行权而不是道路通行权或者运输通行权;但是如果能够让驮兽通行而车辆无法通行,那么所设立的则是运输通行权。

D. 8. 1. 14pr. *Paulus libro quinto decimo ad Sabinum*

Servitutes praediorum rusticorum etiamsi corporibus accedunt, incorporales tamen sunt et ideo usu non capiuntur: vel ideo, quia tales sunt servitutes, ut non habeant certam continuamque possessionem: nemo enim tam perpetuo, tam continenter ire potest, ut nullo momento possessio eius interpellari videatur. idem et in servitutibus praediorum urbanorum observatur.

D. 8. 1. 14. 1

Servitus itineris ad sepulchrum privati iuris manet et ideo remitti domino fundi servientis potest: et adquiri etiam post religionem sepulchri haec servitus potest.

D. 8. 1. 14. 2

Publico loco interveniente vel via publica haustus servitus imponi potest, aquae ductus non potest: a principe autem peti solet, ut per viam publicam aquam ducere sine incommodo publico liceat. sacri et religiosi loci interventus etiam itineris servitutem impedit, cum servitus per ea loca nulli deberi potest.

D. 8, 1, 14pr.　保罗:《论萨宾》第 15 卷

乡村地役权即使附着于有体物,但属于无体物,因此不能被时效取得,这也是因为其具有不可能被确定地、持续地占有的性质。确实无人能持续地、永久地占有,以至于其占有被视为不【可能】有一个中断的时间。城市地役权也是如此。

D. 8, 1, 14, 1

通往墓地的通行役权属于私法范畴,因此可以为供役地所有权人的利益而取消役权;即使在墓地成为神息物之后还是能够取得此项役权的。

D. 8, 1, 14, 2

如果【在两块土地之间】有一块公共土地或者一条共同通道,可以设立汲水役权,但不能设立导水权。但是可以向君主要求同意在不损害公共利益的情况下在公共通道上设立一个导水权。如果两块土地之间的是圣神地或祭祀地,那么将妨碍通行役权,因为无人能通过这些土地享有役权。

D. 8. 1. 15pr. *Pomponius libro trigensimo tertio ad Sabinum*

Quotiens nec hominum nec praediorum servitutes sunt, quia nihil vicinorum interest, non valet, veluti ne per fundum tuum eas aut ibi consistas: et ideo si mihi concedas ius tibi non esse fundo tuo uti frui, nihil agitur: aliter atque si concedas mihi ius tibi non esse in fundo tuo aquam quaerere minuendae aquae meae gratia.

D. 8. 1. 15. 1

Servitutium non ea natura est, ut aliquid faciat quis, veluti viridia tollat aut amoeniorem prospectum praestet, aut in hoc ut in suo pingat, sed ut aliquid patiatur aut non faciat.

D. 8. 1. 16 *Iulianus libro quadragensimo nono digestorum*

Ei, qui pignori fundum accepit, non est iniquum utilem petitionem servitutis dari, sicuti ipsius fundi utilis petitio dabitur. idem servari convenit et in eo, ad quem vectigalis fundus pertinet.

D. 8，1，15pr.　彭波尼：《论萨宾》第 33 卷

如果役权既不利于人，也不利于土地，那么【役权的设立】无效，因为对于土地权利人没有任何利益，比如你不在你自己土地上通行，或者你不在那里停留；因此，如果你允诺我说，你不使用、收益你的土地，没有任何法律效力；如果相反你允诺说，你不在自己土地上引水以便不减少我的水的话，那么就是另外一回事了。

D. 8，1，15，1

役权的本质不是要求供役地所有权人做某事，比如耕除花草或者让景观更宜人，或者为此目的而【在建筑物上】绘画，而是要求他容忍他人的某一行为或者自己不作为。

D. 8，1，16　尤里安：《学说汇纂》第 49 卷

获得一块被抵押的土地的人应该允许提起保护同该土地有关的役权的扩用的对物之诉，就像被允许提起保护该土地本身的扩用的对物之诉一样，这并非不公正。此规则同样适用于赋税地权利人。

D. 8. 1. 17 *Pomponius libro singulari regularum*

Viae itineris actus aquae ductus pars in obligationem deduci
non potest, quia usus eorum indivisus est: et ideo si stipulator
decesserit pluribus heredibus relictis, singuli solidam viam pe-
tunt: et si promissor decesserit pluribus heredibus relictis, a sin-
gulis heredibus solida petitio est.

D. 8. 1. 18 *Paulus libro trigensimo primo quaestionum Papiniani notat*

In omnibus servitutibus, quae aditione confusae sunt, re-
sponsum est doli exceptionem nocituram legatario, si non patiatur
eas iterum imponi.

D. 8. 1. 19 *Labeo libro quarto posteriorum a Iavoleno epitomatorum*

Ei fundo, quem quis vendat, servitutem imponi, et si ipsi[1]
non utilis sit, posse existimo: veluti si aquam alicui[2] ducere
non expediret, nihilo minus constitui ea servitus possit: quaedam
enim[3] habere possumus, quamvis ea nobis utilia non sunt.

---

[1] < ipsi >, vd. Mo. – Kr., nt. 1.
[2] [dedere], vd. Mo. – Kr., nt. 2.
[3] [debere], vd. Mo. – Kr., nt. 3.

D. 8，1，17 彭波尼:《规则集》单卷本

道路通行权、个人通行权、运输通行权及导水权的一部分不能作为债的标的，因为这些权利的行使是不可分割的。因此，若就役权订立了要式口约，债权人*去世，且他有很多继承人，那么每一个继承人都可就整个通行役权提起对物之诉;同样，若债务人**去世，且他有很多继承人，便可对任何一个继承人就整个通行役权提起对物之诉。

D. 8，1，18 保罗:《于〈问题集〉第21卷中评帕比尼安》

解答说:对于那些因为接受遗产产生的混同而导致役权的消灭，如果受遗赠人不能容忍这些役权重新被设立，那么则将受制于恶意抗辩。

D. 8，1，19 拉贝奥:《雅沃伦整理拉贝奥遗作》第4卷

我认为可以在一块即将出售的土地上设立一项役权，即使对设立人没有任何利益。比如说导水权对其没有利益，但总归可以设立该项役权:因为我们可以拥有一些对我们无用的东西。

---

* 债权人，是指通过要式口约获得役权的人。——译者注
** 债务人，是指通过要式口约负担役权的人。——译者注

D. 8. 1. 20   *Iavolenus libro quinto ex posterioribus La-beonis*

Quotiens via aut aliquid ius fundi emeretur, cavendum putat esse Labeo per te non fieri, quo minus eo iure uti possit, quia nulla eiusmodi iuris vacua traditio esset. ego puto usum eius iuris pro traditione possessionis accipiendum esse ideoque et interdicta veluti possessoria constituta sunt.

D. 8，1，20 雅沃伦：《拉贝奥遗作》第 5 卷

每当在取得一通行役权或者土地上的其他权利之时，拉贝奥说，由于权利没有完全交付，你应当担保不做任何妨碍对方享用该项权利的事。我认为行使权利应当被理解为占有的转移，因此准占有令状也可被适用。

II

DE SERVITUTIBUS PRAEDIORUM URBANORUM

D. 8. 2. 1pr. *Paulus libro vicensimo primo ad edictum*

Si intercedat solum publicum vel via publica, neque itineris actusve neque altius tollendi servitutes impedit: sed immittendi protegendi proiciendi[1], item fluminum et stillicidiorum servitutem impedit, quia caelum, quod supra id solum intercedit, liberum esse debet.

D. 8. 2. 1. 1

Si usus fructus tuus sit, aedium proprietas mea, quae onera vicini sustinere debeant, mecum in solidum agi potest, tecum nullo modo.

---

[1] ⌈prohibendi⌉, vd. Mo. – Kr., nt. 7.

第二节
论城市役权

D. 8, 2, 1pr. 保罗：《论告示》第 21 卷

如果【在两块土地之间】有一块公共的土地或者公共道路，这并不排除【设立】个人通行役权（iter）、运输通行役权（actus）及建筑物的加高役权（servitus tollendi），但是排除搭梁役权（servitus tigni immittendi）、遮盖役权（servitus proteggendi）；同样也排除流水役权和排水役权（servitus stillicidii）；因为土地之上的天空应当不受阻挡。

D. 8, 2, 1, 1

如果我拥有所有权而你拥有用益权的建筑物将支撑邻居【的建筑物】，那么只能向我提起诉讼，对你则没有任何方式起诉。

D. 8. 2. 2   *Gaius libro septimo ad edictum provinciale*

Urbanorum praediorum iura talia sunt : altius tollendi et offi-
ciendi luminibus vicini aut non extollendi : item stillicidium avertendi in tectum vel aream vicini aut non avertendi : item immittendi tigna in parietem vicini et denique proiciendi protegendive
ceteraque istis similia.

D. 8. 2. 3   *Ulpianus libro vicensimo nono ad Sabinum*

Est et haec servitus, ne prospectui officiatur.

D. 8. 2. 4   *Paulus libro secundo institutionum*

Luminum[1] servitute constituta id adquisitum videtur, ut
vicinus lumina nostra excipiat : cum autem servitus imponitur, ne
luminibus officiatur, hoc maxime adepti videmur, ne ius sit vicino invitis nobis altius aedificare atque ita minuere lumina nostro-
rum aedificiorum.

---

[1] [in], vd. Mo. – Kr. , nt. 9.

D. 8，2，2　盖尤斯：《论行省告示》第 7 卷

城市地役权包括：加高役权、挡光役权（servitus lumini bus officiendi）、限制加高役权（servitus altius non tollendi），同样还有排水役权和不反排水役权（servitus stillicidi non avertendi）、搭梁役权，最后还有伸出役权（servitus proici endi）、遮盖役权以及类似的其他役权。

D. 8，2，3　乌尔比安：《论萨宾》第 29 卷

还有这么一项，即禁止妨碍观望役权。

D. 8，2，4　保罗：《法学阶梯》第 2 卷

设立了采光役权之后，一般认为获得了邻居对我们采光的容忍。在设立了禁止妨碍采光役权之后，人们认为我们获得了这样的权利：邻居不再有加高房屋而导致部分妨碍我们建筑物的采光的权利，因为我们不愿这样。

D. 8. 2. 5 *Ulpianus libro septimo decimo ad edictum*

Invitum autem in servitutibus accipere debemus non eum qui
contra dicit, sed eum qui non consentit. ideo Pomponius libro
quadragensimo et infantem et furiosum invitos recte dici ait: non
enim ad factum, sed ad ius servitutis haec verba referuntur.

D. 8. 2. 6 *Gaius libro septimo ad edictum provinciale*

Haec autem iura similiter ut rusticorum quoque praediorum
certo tempore non utendo pereunt: nisi quod haec dissimilitudo
est, quod non omnimodo pereunt non utendo, sed ita, si vicinus
simul libertatem usucapiat. veluti si aedes tuae aedibus meis
serviant, ne altius tollantur, ne luminibus mearum aedium officiatur, et ego per statutum tempus fenestras meas praefixas habuero vel obstruxero, ita demum ius meum amitto, si tu per hoc
tempus aedes tuas altius sublatas habueris: alioquin si nihil novi
feceris, retineo servitutem. item si tigni immissi aedes tuae servitutem debent et ego exemero tignum, ita demum amitto ius meum, si tu foramen, unde exemptum est tignum, obturaveris et
per constitutum tempus ita habueris: alioquin si nihil novi feceris, integrum[1] permanet.

---

[1] [ius suum], vd. Mo. – Kr., nt. 14.

D. 8，2，5 乌尔比安：《论告示》第 17 卷

在役权中"不愿"这一表述不应当理解为"他表示反对"，而应当理解为"他未（明确）表示同意"。因此，彭波尼在【《论告示》】第 40 卷中说道：未成年人和精神病人都可以正确地说"不愿"，因为这个表述不是指反对，而是指对于设立地役权未表示同意。

D. 8，2，6 盖尤斯：《论行省告示》第 7 卷

就像乡村地役权一样，这些权利因在特定时间内未行使而消灭，但存在下述这些差别：它们并非因未行使而无条件地消灭，而是只有邻居在同一时间内摆脱了役权约束，它们才消灭。例如，假定你的房子为了我的房子的利益设立了禁止妨碍采光役权，我在【导致役权消灭的】法定期限里用某物堵住窗子或封上窗子，那么你只有在同一时间内加高了你的房子我才失去役权；否则，若你未加高你的房子，我便仍享有役权。同样，要是你的房子负有"搭梁役权"，而我取掉了我搭的梁，那么你只有在【导致役权消灭的】法定期限里堵住了搭梁用的洞我才失去役权；否则，如果你什么都没有做，役权便仍然存在。

D. 8. 2. 7   *Pomponius libro vicensimo sexto ad Quintum Mucium*

Quod autem aedificio meo me posse consequi, ut libertatem usucaperem, dicitur, idem me non consecuturum, si arborem eodem loco sitam habuissem, Mucius ait, et recte, quia non ita in suo statu et loco maneret arbor quemadmodum paries, propter motum naturalem arboris.

D. 8. 2. 8   *Gaius libro septimo ad edictum provinciale*

Parietem, qui naturali ratione communis est, alterutri vicinorum demoliendi [1] et reficiendi ius non est, quia non solus dominus est.

D. 8. 2. 9   *Ulpianus libro quinquagensimo tertio ad edictum*

Cum eo, qui tollendo obscurat vicini aedes, quibus non serviat, nulla competit actio.

---

[1] [eum], vd. Mo. − Kr., nt. 15.

D. 8，2，7　彭波尼：《论昆图斯·穆奇乌斯》第26卷

通常认为我可以通过时效取得而使得我的建筑物解除了所有的役权负担。穆奇乌斯（Mucius）说道，如果在同一地点有一棵树的话，我就无法让我的房子解除所有的役权负担；这是有道理的，因为基于其自然生长的原因，树并不是像墙那样完全保持它原有的状况与方位。

D. 8，2，8　盖尤斯：《论行省告示》第7卷

拆除和修理墙的权利，基于自然的道理是属于共有的，不是专属于邻居中的这个人或者那个人，因为没有哪个人是唯一的所有权人。

D. 8，2，9　乌尔比安：《论告示》第53卷

对于加高建筑物而挡住了不享有任何役权的邻居的采光的人，不能提起任何诉讼。

D. 8. 2. 10 *Marcellus libro quarto digestorum*

Gaurus Marcello: binas aedes habeo, alteras tibi lego, heres aedes alteras altius tollit et luminibus tuis officit: quid cum illo agere potes? et an interesse putes, suas aedes altius tollat an hereditarias? et de illo quaero, an per alienas aedes accessum heres ad eam rem quae legatur praestare debet, sicut solet quaeri, cum usus fructus loci legatus est, ad quem locum accedi nisi per alienum non potest. Marcellus respondit: qui binas aedes habebat, si alteras legavit, non dubium est, quin heres alias possit altius tollendo obscurare lumina legatarum aedium: idem dicendum est, si alteri aedes, alteri aliarum usum fructum legaverit. non autem semper simile est itineris argumentum, quia sine accessu nullum est fructus legatum, habitare autem potest et aedibus obscuratis. ceterum usu fructu loci legato etiam accessus dandus est, quia et haustu relicto iter quoque ad hauriendum praestaretur. sed ita officere luminibus et obscurare legatas aedes conceditur, ut non penitus lumen recludatur, sed tantum relinquatur, quantum sufficit habitantibus in usus diurni moderatione.

D. 8. 2. 11pr. *Ulpianus libro primo de officio consulis*

Qui luminibus vicinorum officere aliudve quid facere contra commodum eorum vellet, sciet se formam ac statum antiquorum aedificiorum custodire debere.

D. 8,2,10 马尔切罗:《学说汇纂》第4卷

高卢斯（Gaurus）对马尔切罗说：我有两个房子，一个遗赠与你；继承人加高了另外一个房子以至于挡住了你的采光，你如何起诉他呢？你认为他加高的是他自己的房子还是他继承所得的房子会有区别吗？此外，我还想问个问题：就如经常问到的，如果某人受遗赠得到土地的用益权，但是如果不经过他人的房屋则不能进入该受遗赠的土地，继承人是否有义务要给受遗赠人确保经过他人房屋的一条通道。马尔切罗回答说：如果某人有两座房屋，遗赠了一座，毫无疑问的是他的继承人可以通过加高而挡住被遗赠的那座房屋。如果遗赠给一方一座建筑物，给另一方第二座建筑物的用益权，适用同样的规则。但是对于通行权的问题则不总是同一答案，因为无法通行，那么用益权【的设立在法律上属于】无效；相反，即使采光被挡，还是能在房屋里居住的。在被授予某土地的用益权之时，应当给予通行权；同理，如果被授予了汲水权，那么也应当被确保为汲水而需要的通道。但是允许遮挡采光和遮挡他人受遗赠的房屋，不能到完全遮挡光线的程度，而是要让房屋的住户在一定程度上能足够白天使用。

D. 8,2,11pr. 乌尔比安:《关于行省执政官之职》第1卷

想要遮挡邻居采光或者做任何又碍于邻居利益的事的，应当知道尊重旧房的样式与状态。

D. 8. 2. 11. 1

Si inter te et vicinum tuum non convenit, ad quam altitudinem extolli aedificia, quae facere instituisti, oporteat, arbitrum accipere poteris.

D. 8. 2. 12   *Iavolenus libro decimo ex Cassio*

Aedificia, quae servitutem patiantur ne quid altius tollatur, viridia supra eam altitudinem habere possunt: at si de prospectu est eaque obstatura sunt, non possunt.

D. 8. 2. 13pr.   *Proculus libro secundo epistularum*

Quidam Hiberus nomine, qui habet post horrea mea insulam, balnearia fecit secundum parietem communem: non licet autem tubulos habere admotos ad parietem communem, sicuti ne parietem quidem suum per parietem communem: de tubulis eo amplius hoc iuris est, quod per eos flamma torretur paries: qua de re volo cum Hibero loquaris, ne rem illicitam faciat. Proculus respondit: nec Hiberum pro ea re dubitare puto, quod rem non permissam facit tubulos secundum communem parietem extruendo.

D. 8, 2, 11, 1

如果你和你的邻居就开始建造的房屋能造多高没有达成合议的话，你可以求助于仲裁者。

D. 8, 2, 12 雅沃伦：《评卡西》第 10 卷

负有不加高役权的楼房可以在约定高度之上种植植物；但是如果涉及观望【役权】且这些植物妨碍了观望，则不能种植。

D. 8, 2, 13pr. 普罗库勒：《书信集》第 2 卷

有个叫做赫贝卢斯（Hiberus）的人，在我的仓库后边有一座楼房，他靠近共有墙建造了浴室；但是不能沿着共有墙安装热水管道，就如不能挨着共有墙再修建一堵自己的墙一样，对于热水管道，根据法律则更为严厉，因为通过这些管道将烧坏这座墙；因此我希望你应当和赫贝卢斯谈谈，让他不要做被禁止的事情。普罗库勒答复说：我认为赫贝卢斯对于沿着共有墙安装热水管道这一行为的违法性不会有任何的疑问。

D. 8. 2. 13. 1

Parietem communem incrustare licet secundum Capitonis senteniam, sicut licet mihi pretiosissimas picturas habere in pariete communi: ceterum is demolitus sit vicinus et ex stipulatu actione damni infecti agatur, non pluris quam vulgaria tectoria aestimari debent: quod observari et in incrustatione oportet.

D. 8. 2. 14 *Papirius Iustus libro primo de constitutionibus*

Imperatores Antoninus et Verus Augusti rescripserunt in area, quae nulli servitutem debet, posse dominum vel alium voluntate eius aedificare intermisso legitimo spatio a vicina insula.

D. 8. 2. 15 *Ulpianus libro vicensimo nono ad Sabinum*

Inter servitutes ne luminibus officiatur et ne prospectui offendatur aliud et aliud observatur: quod in prospectu plus quis habet, ne quid ei officiatur ad gratiorem prospectum et liberum, in luminibus autem, non officiere ne lumina cuiusquam obscuriosa fiant. quodcumque igitur faciat ad luminis impedimentum, prohiberi potest, si servitus debeatur, opusque ei novum nuntiari potest, si modo sic faciat, ut lumini noceat.

D. 8, 2, 13, 1

根据卡皮托（Capitonis）的观点，在共有墙上贴大理石是合法的：就如我也被允许在共有墙上画上珍贵的画；但是，如果邻居毁坏了它而另一方依据潜在损害担保要式口约起诉他的话，【上述绘画的】估价不应高于普通的泥石灰的价格。上述规则也适用于贴大理石的情形。

D. 8, 2, 14   帕里皮·尤斯特：《论谕令》第1卷

安东尼（Antoninus）和维鲁（Verus）两位皇帝通过批复规定：在不负担任何役权的土地上，所有权人或者他允许的其他人可以在留下与相邻建筑物法定距离的情况下建造房屋。

D. 8, 2, 15   乌尔比安：《论萨宾》第29卷

在不妨碍采光的役权与不妨碍观望的役权之间存在着以下区别：在观望权中，权利人的利益在于不被人妨碍他拥有一个更良好的、自由的视野；而在不妨碍采光役权中，则是指某人不遮挡以便使他人的采光不变得昏暗。因此，在存在役权的情况下，人们可以禁止任何遮挡采光的行为；并且，只有施工影响采光之时才能针对施工者发布新施工告令。

D. 8. 2. 16 *Paulus libro secundo epitomarum Alfeni digestorum*

Lumen id est, ut caelum videretur, et interest inter lumen et prospectum: nam prospectus etiam ex inferioribus locis est, lumen ex inferiore loco esse non potest.

D. 8. 2. 17pr. *Ulpianus libro vicensimo nono ad Sabinum*

Si arborem ponat, ut lumini officiat, aeque dicendum erit contra impositam servitutem eum facere: nam et arbor efficit, quo minus caeli videri possit. si tamen id quod ponitur lumen quidem nihil impediat, solem autem auferat, si quidem eo loci, quo gratum erat eum non esse, potest dici nihil contra servitutem facere: sin vero heliocamino vel solario, dicendum erit, quia umbram facit in loco, cui sol fuit necessarius, contra servitutem impositam fieri.

D. 8. 2. 17. 1

Per contrarium si deponat aedificium vel arboris ramos, quo facto locus opacus quondam coepit solis esse plenus, non facit contra servitutem: hanc enim debuit, ne luminibus officiat, nunc non luminibus officit, sed plus aequo lumen facit.

D. 8，2，16　保罗：《阿尔芬学说汇纂摘要》第 2 卷

采光役权是指能看见天空，在采光与观望之间存在着差别：因为从低处也可以观望，而在很低处是采不到光的。

D. 8，2，17pr.　乌尔比安：《论萨宾》第 29 卷

如果某人种植的树遮挡了光线，同样要说这是有违于所设定的役权的：因为树木也会阻碍人们看到天空。然而，如果树木没有遮挡光线，而只是遮挡了太阳，只是在如果没有太阳则显得更为宜人的情况下，人们可以说并没有妨碍役权；实际上如果树木是正对着一个为采光、为取暖或者为晒太阳而建造的房间的话，那么我们不得不说这样做是有悖于所设立的役权的，因为【它】遮挡了一个需要阳光的地方。

D. 8，2，17，1

相反，如果拆除了一座建筑物或者修剪了树木的枝叶而使得一个原本被遮荫的地方开始充满日照了，这样做完全没有妨碍役权：因为原本应当不遮挡阳光，现在不但没有遮挡阳光，相反是给了更多的阳光了。

D. 8. 2. 17. 2

Interdum dici potest eum quoque, qui tollit aedificium vel deprimit, luminibus officere: si forte *kat¦ ¢ntan£klasin* vel pressura quadam lumen in eas aedes devolvatur.

D. 8. 2. 17. 3

Haec lex traditionis "stillicidia uti nunc sunt, ut ita sint" hoc significat impositam vicinis necessitatem stillicidiorum excipiendorum, non illud, ut etiam emptor stillicidia suscipiat aedificiorum vicinorum: hoc igitur pollicetur venditor sibi quidem stillicidiorum servitutem deberi, se autem nulli debere.

D. 8. 2. 17. 4

Quae de stillicidio scripta sunt, etiam in ceteris servitutibus accipienda sunt, si in contrarium nihil nominatim actum est.

D. 8. 2. 18 *Pomponius libro decimo ad Sabinum*

Si fistulae, per quas aquam ducas, aedibus meis applicatae damnum mihi dent, in factum actio mihi competit: sed et damni infecti stipulari a te potero.

D. 8, 2, 17, 2

有时候可以说如果某人拆除了或者降低了某座建筑物，也将妨碍采光：比如阳光是通过【被拆除或降低的房屋】反射或者其他某种方式聚集到另一建筑物之上的。

D. 8, 2, 17, 3

在交付之时附上这样的一个条款："保持现在的排水状况"，意思是说给邻居们课以承受排水的负担，而不是说买受人要承受邻居房屋的排水：因为出售人保证买受人拥有排水役权，而不是买受人向他人负担此类役权。

D. 8, 2, 17, 4

关于排水役权所写的，只要没有相反的特别约定，则也被理解为适用于其他类型的役权。

D. 8, 2, 18　彭波尼：《论萨宾》第 10 卷

如果你用于排水的管道靠着我的建筑物，造成对我的损害，我可以提起事实之诉；但是也可以要求你向我提供一个潜在损害担保（cautio damni infecti）。

D. 8. 2. 19pr. *Paulus libro sexto ad Sabinum*

Fistulam iunctam parieti communi, quae aut ex castello aut ex caelo aquam capit, non iure haberi Proculus ait: sed non posse prohiberi vicinum, quo minus balineum habeat secundum parietem communem, quamvis umorem capiat paries: non magis quam si vel in triclinio suo vel in cubiculo aquam effunderet. sed Neratius ait, si talis sit usus tepidarii, ut adsiduum umorem habeat et id noceat vicino, posse prohiberi eum.

D. 8. 2. 19. 1

Iuxta communem parietem cameram ex figlino opere factam, si ita retineatur, ut etiam sublato pariete maneat, si modo non impediat refectionem communis parietis, iure haberi licet.

D. 8. 2. 19. 2

Scalas posse me ad parietem communem habere Sabinus recte scribit, quia removeri hae possunt.

D. 8, 2, 19pr. 保罗：《论萨宾》第6卷

普罗库勒说：不能倚着一堵共有墙装置一个接受雨水或者水箱水的管道；但是不能禁止邻居在靠着共有墙的房间里建造浴室，即使这样墙会吸收潮气，同样也不能禁止他在餐厅和卧室中倒水。但是内拉蒂说，如果浴室的使用持续地产生湿气并损害邻居之时才能禁止之。

D. 8, 2, 19, 1

挨着共有墙可以合法地建一个砖砌的拱顶，只要即使共有墙拆除了它也能继续得到支撑，并且只要不妨碍共有墙的维修。

D. 8, 2, 19, 2

萨宾说，我可以正当地倚靠着共有墙建一个楼梯，因为楼梯是可以拆除的。

D. 8. 2. 20pr.   *Idem libro quinto decimo ad Sabinum*

Servitutes, quae in superficie consistunt, possessione reti-
nentur. nam si forte ex aedibus meis in aedes tuas tignum immissum habuero, hoc, ut immissum habeam, per causam tigni possideo habendi consuetudinem. idem eveniet et si menianum in
tuum inmissum habuero aut stillicidium in tuum proiecero, quia
in tuo aliquid utor et sic[1] quasi facto quodam possideo.

D. 8. 2. 20. 1

Si domo mea altior area tua esset tuque mihi per aream tuam
in domum meam ire agere cessisti nec ex plano aditus ad domum
meam per aream tuam esset, vel gradus vel clivos propius ianuam
meam iure facere possum, dum ne quid ultra quam quod necesse
esset itineris causa demoliar.

D. 8. 2. 20. 2

Si sublatum sit aedificium, ex quo stillicidium cadit, ut
eadem specie et qualitate reponatur, utilitas exigit, ut idem intellegatur: nam alioquin si quid strictius interpretetur, aliud est
quod sequenti loco ponitur: et ideo sublato aedificio usus fructus
interit, quamvis area pars est aedificii.

---

[1] ⌈si⌉, vd. Mo. – Kr., nt. 10.

D. 8, 2, 20pr. 同一作者:《论萨宾》第 15 卷

对于在土地之上的役权，通过占有得以保留。因为，比如说，我的房屋的一根梁伸入了你的房屋里，基于这根梁的现状，从我将之伸入你的房子之时，我就占有着这根梁的使用。对于伸入你建筑之上的阳台和滴在你的物上的排水等情况，结论也一样，因为我使用在你物之上的某物，这样从一定程度上讲，就是我占有。

D. 8, 2, 20, 1

如果你的土地的位置比我家的位置要高，你赋予了我个人通行权和运输通行役权，如果从你的土地到我家门口没有平地，那么我就可以合法地造一些台阶或者一个斜坡到我的门口，只要没有在个人通行的必要范围之外施工。

D. 8, 2, 20, 2

如果为了重建一座形状和质量相同的建筑物而将排水的建筑拆除，实用性（utilitas）要求将其认定为同一物：因为如果相反而采用严格的解释，即在原处所建的被认为是不同之物的话，如果这么认为的话，用益权也将因为建筑物的拆除而消灭，即使土地是建筑物的一部分。

D. 8. 2. 20. 3

Si servitus stillicidii imposita sit, non licet domino servientis areae ibi aedificare, ubi cassitare coepisset stillicidium.

D. 8. 2. 20. 4

Si antea ex tegula cassitaverit stillicidium, postea ex tabulato vel ex alia materia cassitare non potest.

D. 8. 2. 20. 5

Stillicidium quoquo modo adquisitum sit, altius tolli potest: levior enim fit eo facto servitus, cum quod ex alto cadit, cadat[1] lenius et interdum direptum nec perveniat ad locum servientem: inferius demitti non potest, quia fit gravior servitus, id est pro stillicidio flumen. eadem causa retro duci potest stillicidium, quia in nostro magis incipiet cadere, produci non potest, ne alio loco cadat stillicidium, quam in quo posita servitus est: lenius facere poterimus, acrius non. et omnino sciendum est meliorem vicini condicionem fieri posse, deteriorem non posse, nisi aliquid nominatim servitute imponenda immutatum fuerit.

---

[1] ⌜ex alto, cadet⌝, vd. Mo. – Kr. , nt. 13.

D. 8, 2, 20, 3

如果设立了一项排水役权之后，供役地的所有权人就不能合法地在排水之处建造房屋了。

D. 8, 2, 20, 4

如果排水最初是从瓦片上滴下来的话，那么随后不能从木板或者其他材料上滴下来。

D. 8, 2, 20, 5

排水役权一旦被取得之后，就可以加高排水的高度：因为这样的话役权负担将更轻，因为水从高处滴下来之时会更轻，甚至有时候会飞溅出去而不落入供役地之上；不能将排水高度降低，否则该役权负担将更重，因为这将导致流水权而不再是排水权。同理，排水处可以退后，这样将开始滴落于我们自己的土地之上；不能伸延排水，为了不让水滴落于我们设立役权的范围之外。【总之】我们只能减轻负担，而不能加重之。一般而言，人们只能让邻居的状况更好，而不能使之恶化，除非在役权设立之时明确规定了此项修改。

D. 8. 2. 20. 6

Qui in area, in qua stillicidium cadit, aedificat, usque ad eum locum perducere aedificium potest, unde stillicidium cadit: sed et si in aedificio cadit stillicidium, supra aedificare ei conceditur, dum tamen stillicidium recte recipiatur.

D. 8. 2. 21 *Pomponius libro trigensimo tertio ad Sabinum*

Si domus tua aedificiis meis utramque servitutem deberet, ne altius tolleretur et ut stillicidium aedificiorum meorum recipere deberet, et tibi concessero ius esse invito me altius tollere aedificia tua, quod ad stillicidium meum attinet, sic statui debebit, ut, si altius sublatis aedificiis tuis stillicidia mea cadere in ea non possint, ea ratione altius tibi aedificare non liceat: si non impediantur stillicidia mea, liceat tibi altius tollere.

D. 8. 2. 22 *Iulianus libro secundo ex Minicio*

Qui aedificium habet, potest servitutem vicino imponere, ut non solum de his luminibus, quae in praesentia erunt, sed etiam de his quae postea fuerint, caveat.

D. 8, 2, 20, 6

在排水役权供役地上建造建筑物之人可以将建筑物延伸至水滴落之处；但是，即使水滴落于一建筑物之上，他也可以将之加高，只要水还能正常地滴落。

D. 8, 2, 21 彭波尼:《论萨宾》第33卷

如果你的建筑物对我的楼房同时负有不加高役权和排水役权，而我此后授权予你可以违背我的意志而加高建筑物，那么对于我的排水役权，应当如下确定：如果你加高建筑物之后，我的水将不能滴落于你的建筑物之上的话，据此你将不能合法地加高之；如果我的排水不受任何妨碍，你则可以合法地加高之。

D. 8, 2, 22 尤里安:《评米尼奇》第2卷

建筑物所有权人可以要求邻居负担一项役权，不仅仅用以保证现有的采光，而且也包括将来的采光。

D. 8. 2. 23pr.   *Pomponius libro trigensimo tertio ad Sabinum*

Si servitus imposita fuerit "lumina quae nunc sunt, ut ita sint", de futuris luminibus nihil caveri videtur: quod si ita sit cautum "ne luminibus officiatur", ambigua est scriptura, utrum ne his luminibus officiatur quae nunc sint, an etiam his quae postea quoque fuerint: et humanius est verbo generali omne lumen significari, sive quod in praesenti sive quod post tempus conventionis contigerit.

D. 8. 2. 23. 1

Futuro quoque aedificio, quod nondum est, vel imponi vel adquiri servitus potest.

D. 8. 2. 24   *Paulus libro quinto decimo ad Sabinum*

Cuius aedificium iure superius est, ei ius est in infinito supra suum aedificium imponere, dum inferiora aedificia non graviore servitute oneret quam pati debent.

D. 8, 2, 23pr. 彭波尼:《论萨宾》第33卷

如果役权是这么设定的,即"采光保持现状",那么对于将来的采光并不做担保;相反如果是这样担保的,即"不得妨碍采光",这一书面的表述显得很模糊:【因为不清楚是】不得妨碍现有的光照还是也包括将来能有的光照。对于一个概括性的表述,将其理解为包括所有的光照更符合人之常情:既包括现有的光照,也包括在协议达成之后的能够得到的光照。

D. 8, 2, 23, 1

人们可以在一栋尚未建造的建筑物上设立或者取得役权。

D. 8, 2, 24 保罗:《论萨宾》第15卷

如果某人依法拥有一座高于别人的建筑物的话,他就有权在他的建筑物之上无限加高,只要这样做不加重那些向其负担役权的建筑物的负担。

D. 8. 2. 25pr.   *Pomponius libro trigensimo tertio ad Sabinum*

Hoc, quod dictum est de immissis, locum habet ex aedificio alio in aliud: aliter enim supra alienum aedificium superius habere nemo potest.

D. 8. 2. 25. 1

Si ex tribus aedibus in loco impari positis aedes mediae superioribus serviant aedibus, inferiores autem nulli serviant, et paries communis, qui sit inter aedes inferiores et medias, altius a domino inferiorum aedium sublatus sit, iure eum altius habiturum Sabinus ait.

D. 8. 2. 26   *Paulus libro quinto decimo ad Sabinum*

In re communi nemo dominorum iure servitutis neque facere quicquam invito altero potest neque prohibere, quo minus alter faciat: nulli enim res sua servit. itaque propter immensas contentiones plerumque res ad divisionem pervenit. sed per communi dividundo actionem consequitur socius, quo minus opus fiat aut ut id opus quod fecit tollat, si modo toti societati prodest opus tolli.

D. 8, 2, 25pr. 彭波尼:《论萨宾》第33卷

关于横梁插入役权所述的, 也适用于两座建筑物之间的关系。因为在这些【役权】关系之外, 没有人能够在他人建筑物之上再有任何建筑物了。

D. 8, 2, 25, 1

如果并排有三个地基高低各异的建筑物, 中等高度的建筑物针对最高的负有役权负担;而最低的那座建筑物则不负有任何的役权负担;如果最低建筑物的所有权人加高了他与中等高度建筑物之间的共有墙的话, 萨宾认为他有权加高之。

D. 8, 2, 26 保罗:《论萨宾》第15卷

任何一个共有人不得以行使役权为由, 未经其他共有人同意而在共有物上施工或禁止其他共有人施工, 因为没有一个人能对自己的财产享有役权。由于经常发生大的争议, 多数情况下导致共有物被分割。但通过共有物分割之诉共有人得到的结果可能是:不施工;或拆除施工物, 只要拆除有益于共有物整体。

D. 8. 2. 27pr.   *Pomponius libro trigensimo tertio ad Sabinum*

Sed si inter te et me communes sunt Titianae aedes et ex his aliquid non iure in alias aedes meas proprias immissum sit, nempe tecum mihi agere licet aut rem perdere. idem fiet, si ex tuis propriis aedibus in communes meas et tuas aedes quid similiter esset proiectum: mihi enim soli tecum est actio.

D. 8. 2. 27. 1

Si in area communi aedificare velis, socius prohibendi ius habet, quamvis tu aedificandi ius habeas a vicino concessum, quia invito socio in re[1] communi non habeas ius aedificandi.

---

[1]   ⌐ in iure ⌐, vd. Mo. – Kr. , nt. 4.

D. 8, 2, 27pr.　彭波尼:《论萨宾》第 33 卷

然而，如果你和我共有名为提丘诺的房子，且某物从该房子上被非法地排放到了我所有的另一栋房子中，我当然可以对你提起诉讼或将排入之物排除掉。如果某物从你个人所有的房子伸到了你我共有的那些房子中，结果也一样，因此对你提起诉讼的权利将专属于我。

D. 8, 2, 27, 1

如果你想在一块共有的土地上建筑，那么即使你的邻居已同意你建筑，你的共有人也有权禁止你建筑，因为你无权违背你的共有人的意志而在你们共有的土地上建筑。

D. 8. 2. 28   *Paulus libro quinto decimo ad Sabinum*

Foramen in imo pariete conclavis vel triclinii, quod esset proluendi pavimenti causa, id neque flumen esse neque tempore adquiri placuit. hoc ita verum est, si in eum locum nihil ex caelo aquae veniat (neque enim perpetuam causam habet quod manu fit): at quod ex caelo cadit, etsi non adsidue fit, ex naturali tamen causa fit et ideo perpetuo fieri existimatur. omnes autem servitutes praediorum perpetuas causas habere debent, et ideo neque ex lacu neque ex stagno concedi aquae ductus potest. stillicidii quoque immittendi naturalis et perpetua causa esse debet.

D. 8. 2. 29   *Pomponius libro trigensimo secundo ad Quintum Mucium*

Si quid igitur ex eo foramine, ex quo servitus non consistit, damnum vicinus sensisset, dicendum est damni infecti stipulationem locum habere.

D. 8. 2. 30pr.   *Paulus libro quinto decimo ad Sabinum*

Si quis aedes, quae suis aedibus servirent, cum emisset traditas sibi accepit, confusa sublataque servitus est, et si rursus vendere vult, nominatim imponenda servitus est: alioquin liberae veniunt.

D. 8, 2, 28 保罗:《论萨宾》第15卷

房间或餐厅墙角下的洞是为了冲洗地板而设计的,不是流水役权,也不能因时间的经过而取得这一权利,这一观点曾被肯定。若无雨水流到那个地方,此观点便是正确的,因为人为的东西无"永久的理由(perpetua causa)";另一方面,从天上掉下来的虽非持续不断,但其发生乃基于自然原因,因而被视为永久地发生。确实,所有的地役权必须有其永久的理由,因此从水池或池塘不能产生导水权。排水役权也必须有永久、自然的理由。

D. 8, 2, 29 彭波尼:《论昆图斯·穆奇乌斯》第32卷

因此,如果邻居因为上述墙洞而遭受损害,而对此墙洞又不能设立役权的,应该说可以根据潜在损害担保主张其权利。

D. 8, 2, 30pr. 保罗:《论萨宾》第15卷

如果某人购买了负担有利于其本人的役权的他人的建筑物,通过交付接收后,役权因混合而消灭。如果他想再次出售之,则应当特别地设立役权,否则该建筑物将无负担地被出售。

D. 8. 2. 30. 1

Si partem praedii nanctus sim, quod mihi aut cui ego serviam, non confundi servitutem placet, quia pro parte servitus retinetur. itaque si praedia mea praediis tuis serviant et tu [1] tuorum partem mihi et ego meorum partem tibi tradidero, manebit servitus. item usus fructus in alterutris praediis adquisitus non interrumpit servitutem.

D. 8. 2. 31   *Idem libro quadragensimo octavo ad edictum*

Si testamento damnatus heres, ne officeret vicini luminibus servitutemque praestaret, deposuit aedificium, concedenda erit legatario utilis actio, qua prohibeatur heres, si postea extollere supra priorem modum aedificium conabitur.

---

[1]   < tu >, vd. Mo. – Kr. , nt. 7.

D. 8, 2, 30, 1

如果我购买了某土地的一部分，而对该土地我有役权或者我的土地向其负担役权的，一般认为役权不因此而混合，因为役权可以被部分地保留。因此，如果我的土地对你的土地负有役权，你通过交付向我转让了你的土地的部分，我也向你转让了部分土地，役权能得到保留。同样，在这块或者那块土地上取得一项用益权并不使得役权中断。

D. 8, 2, 31 同一作者:《论告示》第 48 卷

如果在设立遗赠的遗嘱中继承人被要求不妨碍邻居采光并为此目的设立了一项役权，继承人拆除了建筑物。如果重建之时继承人试图建造超过此前的层数的楼房，那么应当赋予受遗赠人一项扩用的对物之诉来禁止之。

D. 8. 2. 32pr.   *Iulianus libro septimo digestorum*

Si aedes meae serviant aedibus Lucii Titii et aedibus Publii Maevii, ne altius aedificare mihi liceat, et a Titio precario petierim, ut altius tollerem, atque ita per statutum tempus aedificatum habuero, libertatem adversus Publium Maevium usucapiam: non enim una servitus Titio et Maevio debebatur, sed duac. argumentum rei praebet, quod, si alter ex his servitutem mihi remisisset, ab eo solo liberarer, alteri nihilo minus servitutem deberem.

D. 8. 2. 32. 1

Libertas servitutis usucapitur, si aedes possideantur: quare si is, qui altius aedificatum habebat, ante statutum tempus aedes possidere desiit, interpellata usucapio est. is autem, qui postea easdem aedes possidere coeperit, integro statuto tempore libertatem usucapiet. natura enim servitutium ea est, ut possideri non possint, sed intellegatur possessionem earum habere, qui aedes possidet.

D. 8, 2, 32pr. 尤里安：《学说汇纂》第7卷

假如我的房子是鲁齐奥·提丘（Lucius Titius）房子和普布里奥·马维乌斯（Publius Maevius）房子的供役房，因此我无权加高它；我以临时的名义（precario）*向提丘请求"允许我加高它"，我加高了它并随着法定期间的经过我便摆脱了马维乌斯的役权约束。因为提丘和马维乌斯并非共同享有一个役权而是分别享有两个役权，这体现在：如果他们两人中的某一个人免除了我的役权负担，那么我只是摆脱了该人的役权约束，而仍应受另一个人的役权约束。

D. 8, 2, 32. 1

如果占有建筑物，则可以因时效制度而解除建筑物的役权负担；因此，如果加高建筑物的人在时效取得期限届满之前停止了占有，那么时效中断。但是，如果再次占有同一建筑物的人，在期间届满之后，则因时效而解除役权负担。虽然役权的性质决定了它们是不能被占有的，但是占有建筑物的人可以被认为占有着役权。

---

* 临时名义是指经对方请求而出于情谊给予对方临时的、随时可撤销的一种便利。——译者注

D. 8. 2. 33 *Paulus libro quinto epitomarum Alfeni digestorum*

Eum debere columnam restituere, quae onus vicinarum aedium ferebat, cuius essent aedes quae servirent, non eum, qui imponere vellet. nam cum in lege aedium ita scriptum esset: "paries oneri ferundo uti nunc est, ita sit", satis aperte significari in perpetuum parietem esse debere: non enim hoc his verbis dici, ut in perpetuum idem paries aeternus esset, quod ne fieri quidem posset, sed uti eiusdem modi paries in perpetuum esset qui onus sustineret: quemadmodum si quis alicui cavisset, ut servitutem praeberet, quae [1] onus suum sustineret, si ea res quae servit et tuum onus ferret, perisset, alia in locum eius dari debeat.

D. 8. 2. 34 *Iulianus libro secundo ex Minicio*

Et qui duas areas habet, alteram tradendo servam alteri efficere potest.

---

[1] ⌐qui⌐, vd. Hal.

D. 8, 2, 33　保罗:《阿诺芬学说汇纂摘要》第5卷

对于支撑邻居承重的柱子，应当由负担役权的人来重建，而不是要求搭载重物的人。因为在建筑物役权设定中这么写道:"此墙承重，保持现状"，这就相当清晰地意味着此墙将永久存在下去：因为这一表述并不是说同一座墙将要永久地存在，这也是不可能的事；而是说此墙要一直处于同一状况以便于承重；同样，如果以要式口约的形式允诺提供一项支撑某物的役权，如果那个用以负担承重役权的物毁灭了，那么应当在原处重新提供另一物。

D. 8, 2, 34　尤里安:《评米尼奇》第2卷

拥有两块土地的人，在交付转让给他人之时可以在其中一块之上设立一项役权。

D. 8. 2. 35   *Marcianus libro tertio regularum*

Si binarum aedium dominus dixisset eas quas venderet servas fore, sed in traditione non fecisset mentionem servitutis, vel ex vendito agere potest vel incertum condicere, ut servitus imponatur.

D. 8. 2. 36   *Papinianus libro septimo quaestionum*

Binas quis aedes habebat una contignatione tectas: utrasque diversis legavit. dixi, quia magis placeat tignum posse duorum esse ita, ut certae partes cuiusque sint contignationis, ex regione cuiusque domini fore tigna nec ullam invicem habituros actionem ius non esse immissum habere: nec interest, pure utrisque an sub condicione alteri aedes legatae sint.

D. 8. 2. 37   *Iulianus libro septimo digestorum*

Idemque esse et si duobus aedes cesserit.

D. 8. 2. 38   *Paulus libro secundo quaestionum*

Si aedes meae a tuis aedibus tantum distent, ut prospici non possint, aut medius mons earum conspectum auferat, servitus imponi non potest:

D. 8, 2, 35 马尔西安:《规则集》第 3 卷

如果两块土地的所有权人说过那块出售的土地将负有一项役权负担,但是在交付之时没有提及该役权,为了确定该项役权,可以通过买卖之诉【进行救济】,或者起诉要求对方设立役权。

D. 8, 2, 36 帕比尼安:《问题集》第 7 卷

某人有两座建筑物,并且两者为同一木屋顶所覆盖,他将两者遗赠给了两个不同的人。我曾说过,因为通常认为一根木梁可以被两人共有并且每人的部分都是确定的;属于不同所有权人的木梁按照各自的份额所属为多人分别所有。任何一方对于对方都不能起诉主张对方无权搭梁,同时该两座建筑物的遗赠是否附以条件也无关紧要。

D. 8, 2, 37 尤里安:《学说汇纂》第 7 卷

如果同一建筑物被转让给两个人的话,结论也一样。

D. 8, 2, 38 保罗:《问题集》第 2 卷

如果我的建筑物和你的建筑物相距甚远以至于无法相互看到,或者我们中间隔着一座山挡住了相互的视线,那么彼此之间不得设定役权。

D. 8. 2. 39 *Idem libro primo manualium*

nemo enim propriis aedificiis servitutem imponere potest,
nisi et is qui cedit et is cui ceditur in conspectu habeant ea aedificia, ita ut officere alterum alteri possit.

D. 8. 2. 40 *Idem libro tertio responsorum*

Eos, qui ius luminis immittendi non habuerunt, aperto pariete communi nullo iure fenestras immisisse respondi.

D. 8. 2. 41pr. *Scaevola libro primo responsorum*

Olympico habitationem et horreum, quod in ea domo erat,
quoad viveret, legavit: iuxta eandem domum hortus et cenaculum, quod Olympico legatum non est, fuerunt: ad hortum autem
et cenaculum semper per domum, cuius habitatio relicta erat,
aditus fuit: quaesitum est, an Olympicus aditum praestare deberet. respondi servitutem quidem non esse, sed heredem transire per domum ad ea quae commemorata sunt posse, dum non noceat legatario.

D. 8, 2, 39 同一作者:《教科书》第 1 卷

也没有人能够在他自己的建筑物上设立一个役权;假若役权设立人和役权受益人相互看得到对方的建筑物,以使得一方有可能给对方造成不利,【才能设立役权】。

D. 8, 2, 40 同一作者:《解答集》第 3 卷

解答说,无开窗权的人,如果在共有墙之上安装了窗户,此安装行为不会导致役权的取得。

D. 8, 2, 41pr. 夏沃拉:《解答集》第 1 卷

【被继承人】遗赠给奥林匹克(Olimpico)在其有生之年的居住权和家里的一个仓库;同一楼房还带有一个小花园,上层还有一个餐厅,这些都没有遗赠给奥林匹克;通往花园和去餐厅都要经过被遗赠用于居住的房间。提出一个问题:奥林匹克是否应当提供通行?我解答,并不存在一项役权,但是继承人可以经过这个房间通往上述地方,只要不给被遗赠人带来不利。

D. 8. 2. 41. 1

Lucius Titius aperto pariete domus suae, quatenus stillicidii rigor et tignorum protectus competebat, ianuam in publico aperuit: quaero, cum neque luminibus Publii Maevii vicini neque itineri vicini officeret neque stillicidium ne vicini domo cadat, an aliquam actionem Publius Maevius vicinus ad prohibendum haberet. respondi secundum ea quae proponerentur nullam habere.

D. 8, 2, 41, 1

鲁齐奥·提丘打开了他家的一堵墙，在排水允许和木梁伸出允许的范围内在一个公共地域上开了一扇门。我提出一个问题：在没有妨碍其采光，没有损害其通行也没有妨碍雨水滴落于邻居家的情况下，他的邻居普布里奥·马维乌斯是否有诉权来禁止他？我解答说，从上述情况看，普布里奥·马维乌斯没有任何诉权。

III
DE SERVITUTIBUS PRAEDIORUM RUSTICORUM

D. 8. 3. 1pr.   *Ulpianus libro secundo institutionum*

Servitutes rusticorum praediorum sunt hae: iter actus via aquae ductus. iter est ius eundi ambulandi homini, non etiam iumentum agendi. actus est ius agendi vel iumentum vel vehiculum: itaque qui iter habet, actum non habet, qui actum habet, et iter habet etiam sine iumento. via est ius eundi et agendi et ambulandi: nam et iter et actum in se via continet. aquae ductus est ius aquam dicendi per fundum alienum.

D. 8. 3. 1. 1

In rusticis computanda sunt aquae haustus, pecoris ad aquam adpulsus, ius pascendi, calcis coquendae, harenae fodiendae.

第三节

论乡村役权

D. 8，3，1pr.　乌尔比安:《法学阶梯》第 2 卷

乡村地役权有:个人通行权（iter）、运输通行权（actus）、道路通行权（via）和引水权（aquaeductus）。个人通行权是某人享有通过或步行经过【他人土地】的权利，而非驱赶驮兽经过他人土地的权利;运输通行权是驾驭驮兽、车辆经过【他人土地】的权利。因此享有个人通行权的人无运输通行权，享有运输通行权的人却享有个人通行权。道路通行权是行走、运输及散步经过【他人土地】的权利，因为道路通行权包含个人通行权和运输通行权。引水权是经过他人土地引水的权利。

D. 8，3，1，1

乡村地役权还应包括:汲水权（servitus aquae haustus）、饮畜权（servitus pecoris ad aquam adpulsus）、放牧权（servitus pascendi）、烧制石灰权（servitus calcis coquendae）及采砂权（servitus arenae fodiendae）。

D. 8. 3. 1. 2

Traditio plane et patientia servitutium inducet officium praetoris.

D. 8. 3. 2pr.   *Neratius libro quarto regularum*

Rusticorum praediorum servitutes sunt licere altius tollere et officere praetorio vicini, vel cloacam habere licere per vicini domum vel praetorium, vel protectum habere licere.

D. 8. 3. 2. 1

Aquae ductus et haustus aquae per eundem locum ut ducatur, etiam pluribus concedi potest: potest etiam, ut diversis diebus vel horis ducatur:

D. 8. 3. 2. 2

si aquae ductus vel haustus aquae sufficiens est, potest et pluribus per eundem locum concedi, ut et isdem diebus vel horis ducatur.

D. 8, 3, 1, 2

毫无疑问，通过交付方式设立的役权和对行使役权的容忍（patientia）可以产生根据裁判官的职权的保护。

D. 8, 3, 2pr. 内拉蒂:《规则集》第 4 卷

下列属于乡村役权：加高役权（servitus tollendi）、排放污水役权（servitus cloacae immittendae）、遮盖役权（servitus proteggendi）。

D. 8, 3, 2, 1

引水与汲水的权利，如果【将两者设立为】通过同一地点，可以【同时】授予若干人；也可以【规定水】在各自不同的时日被使用。

D. 8, 3, 2, 2

如果引水或者汲水的水源充足，可以将饮水权和汲水权在同一地点于相同时间内同时授予多人。

D. 8. 3. 3pr.   *Ulpianus libro septimo decimo ad edictum*

Item sic possunt servitutes imponi, [1] ut boves, per quos fundus colitur, in vicino agro pascantur: quam servitutem imponi posse Neratius libro secundo membranarum scribit.

D. 8. 3. 3. 1

Idem Neratius etiam ut fructus in vicini villa cogantur coactique habeantur et pedamenta ad vineam ex vicini praedio sumantur, constitui posse scribit.

D. 8. 3. 3. 2

Eodem libro ait vicino, cuius lapidicinae fundo tuo immineant, posse te cedere ius ei esse terram rudus saxa iacere posita habere, et ut in tuum lapides provolvantur ibique positi habeantur indeque exportentur.

---

[1] [et], vd. Mo. – Kr., nt. 3.

D. 8, 3, 3pr. 乌尔比安:《论告示》第 17 卷

同样,可以设立将耕地之牛放牧于邻地的役权。内拉蒂在《论羊皮纸书》第 2 卷说,可以创设这种役权。

D. 8, 3, 3, 1

内拉蒂还写道:可以设立一种将农产品集中储存于邻居农场内或可以去邻地取我的葡萄园所需竿子的役权。

D. 8, 3, 3, 2

他在同一本书中写道:你可以授予其采石场与你土地邻接的邻居将土、碎石、石块抛到你的土地上或让石头滚到你的土地上并将它们留在那里而以后将之运走的役权。

D. 8. 3. 3. 3

Qui habet haustum, iter quoque habere videtur ad hauriendum et, ut ait Neratius libro tertio membranarum, sive ei ius
hauriendi et adeundi cessum sit, utrumque habebit, sive tantum
hauriendi, inesse et aditum sive tantum adeundi ad fontem, inesse et haustum. haec de haustu ex fonte privato. ad flumen autem publicum idem Neratius eodem libro scribit iter debere cedi,
haustum non oportere, et si quis tantum haustum cesserit, nihil
eum agere.

D. 8. 3. 4   *Papinianus libro secundo responsorum*

Pecoris pascendi servitutes, item ad aquam appellendi, si
praedii fructus maxime in pecore consistat, praedii magis quam
personae videtur: si tamen testator personam demonstravit, cui
servitutem praestari voluit, emptori vel heredi non eadem prae-
stabitur servitus.

D. 8. 3. 5pr.   *Ulpianus libro septimo decimo ad edictum*

Ergo secundum eum et vindicari poterit.

D. 8, 3, 3, 3

有汲水权之人，一般认为也有为汲水目的而通行的权利，这正如内拉蒂在《论羊皮纸书》第 3 卷中所说的：或者他取得了汲水和通行的权利，即同时拥有两项权利；或者只有汲水权，但是包括了为汲水目的的通行权；或者只有个人通行的权利，但是包括了汲水的权利。上述是关于从私人水源汲水的情况。内拉蒂在该书中还写道：对于公共的河流，则只要设立一项个人通行权就可以了，不必设立汲水权；而如果某人只是设立汲水权，则没有任何役权。

D. 8, 3, 4　帕比尼安：《解答集》第 2 卷

如果土地的收益完全来自放牧，那么放牧役权也像饮畜役权一样，被视为同土地有关而非同人有关。然而，倘若立遗嘱人【明确】指定了役权受益人，该【人】役权便不能被转至土地的买受人或【受益人的】继承人。

D. 8, 3, 5pr.　乌尔比安：《论告示》第 17 卷

总之，按照内拉蒂的观点，【为从公共河流中汲水目的设立的个人通行役权】可以被要求确认。

D. 8. 3. 5. 1

Neratius libris ex Plautio ait nec haustum nec appulsum pecoris nec cretae eximendae calcisque coquendae ius posse in alieno esse, nisi fundum vicinum habeat: et hoc Proculum et Atilicinum existimasse ait. sed ipse dicit, ut maxime calcis coquendae et cretae eximendae servitus constitui possit, non ultra posse, quam quatenus ad eum ipsum fundum opus sit:

D. 8. 3. 6pr.   *Paulus libro quinto decimo ad Plautium*

veluti si figlinas haberet, in quibus ea vasa fierent, quibus fructus eius fundi exportarentur (sicut in quibusdam fit, ut amphoris vinum evehatur aut ut dolia fiant), vel tegulae[1] ad villam aedificandam. sed si, ut vasa venirent, figlinae exercerentur, usus fructus erit.

---

[1] [vel], vd. Mo. – Kr., nt. 11.

D. 8, 3, 5, 1

内拉蒂在《评普拉蒂》一书中写道：不得拥有他人土地上的汲水权、饮畜权、采掘黏土权、烧石灰的役权，除非他有一块相邻的土地。他说普罗库勒和阿蒂里琴（Atilici- nus）也持相同观点。但他本人还说，特别对于采掘黏土权和烧石灰的役权，不能超过需役地本身所需要的限度。

D. 8, 3, 6pr.　保罗：《论普拉蒂》第15卷

就如某人有加工黏土的作坊并在作坊中生产容器，并以这些容器带走该土地的果实【比如在某些农场上用壶带着葡萄酒，或者制作大壶来存储产品】；或者【在作坊中生产】用于建造农场房屋的瓦片。但是如果是以经营为目的开设作坊用于加工黏土以出售容器的，则是一项用益权。

D. 8. 3. 6. 1

Item longe recedit ab usu fructu ius calcis coquendae et lapidis eximendi et harenae fodiendae aedificandi eius gratia quod
in fundo est, item silvae caeduae, ut pedamenta in vineas non
desint. quid ergo si praediorum meliorem causam haec faciant?
non est dubitandum, quin servitus [1] sit: et hoc et Maecianus
probat in tantum, ut et talem servitutem constitui posse putet, ut
tugurium mihi habere liceret in tuo, scilicet si habeam pascui
servitutem aut pecoris appellendi, ut, si hiemps ingruerit,
habeam quo me recipiam.

D. 8. 3. 7   *Idem libro vicensimo primo ad edictum*

Qui sella aut lectica vehitur, ire, non agere dicitur: iumentum vero ducere non potest, qui iter tantum habet. qui actum habet, et plostrum ducere et iumenta agere potest. sed trahendi
lapidem aut tignum neutri eorum ius est: quidam nec hastam rectam ei ferre licere, quia neque eundi neque agendi gratia id faceret et possent fructus eo modo laedi. qui viam habent, eundi
agendique ius habent: plerique et trahendi quoque et rectam hastam ferendi [2], si modo fructus non laedat.

---

[1]   ⌜servitutis⌝, vd. Mo.   – Kr., nt. 13.
[2]   ⌜referendi⌝, vd. Mo.   – Kr., nt. 14.

D. 8, 3, 6, 1

同样，为了在土地上建造而设立的烧制石灰的权利、采石的权利和采掘泥沙的权利，都与用益权相去甚远。对于定期砍伐的树林【的权利】也一样，因为它以葡萄园中的柱子充足为限。* 如果这些改善了土地状况的话，该怎么定性呢？无疑这仍然属于役权。马齐努斯（Maecianus）也赞同，甚至他认为可以设立这类役权：可以在你的土地上有棚屋，也就是如果我有放牧权，或者饮畜权，那么我在天气恶劣之时可以去那里躲藏。

D. 8, 3, 7 同一作者：《论告示》第 21 卷

某人是用轿子或者担架通行的话，称之为通行，而不是运输通行。此外，个人通行权的权利人，不能驱赶驮兽经过；运输通行权的权利人则既可以驾驶车辆通行，也可以驱赶驮兽通行。但是，此两者都无权拖着石块或者木梁【通行】。部分法学家认为甚至不能带着一个直的木杆，因为这样做既不是为了自己通行，也不是运输通行，并且这样做地里的果实将可能受损。道路通行权的权利人，则可以自己通行，也可以运输通行；并且大部分法学家都认为同时有权带着直的木杆通行，只要不损害地里的果实。

---

* 这里是指如果以满足葡萄园的柱子为目的而设立的定期砍伐的权利，是役权而不是用益权。——译者注

D. 8. 3. 7. 1

In rusticis autem praediis impedit servitutem medium praedium, quod non servit.

D. 8. 3. 8 *Gaius libro septimo ad edictum provinciale*

Viae latitudo ex lege duodecim tabularum in porrectum octo
pedes habet, in anfractum, id est ubi flexum est, sedecim.

D. 8. 3. 9 *Paulus libro primo sententiarum*

Servitus aquae ducendae vel hauriendae nisi ex capite vel ex
fonte constitui non potest: hodie tamen ex quocumque loco constitui solet.

D. 8. 3. 10 *Idem libro quadragensimo nono ad edictum*

Labeo ait talem servitutem constitui posse, ut aquam quaerere et inventam ducere liceat: nam si liceat nondum aedificato
aedificio servitutem constituere, quare non aeque liceat nondum
inventa aqua eandem constituere servitutem? et si, ut quaerere
liceat, cedere possumus, etiam ut inventa ducatur, cedi potest.

D. 8, 3, 7, 1

然而就乡村土地而言,介于两块土地之间而无役权负担的土地有碍于役权的设定。

D. 8, 3, 8 盖尤斯:《论行省告示》第 7 卷

根据《十二表法》之规定,道路通行权的宽度,在直行处为八尺,而在弯处即道路转角之处则为十六尺。

D. 8, 3, 9 保罗:《意见集》第 1 卷

如果不是源头或者泉水处就不得设立汲水与汲水的权利;但是今天事实上到处都在设立这些权利。

D. 8, 3, 10 同一作者:《论告示》第 49 卷

拉贝奥说可以下列方式设立如下役权:我被授权去寻找水源,如果找到,则有权引水;因为如果允许在尚未建好的建筑物上设立役权,为什么不允许以同样的方式在水源未找到之时也设立一项役权呢? 而且如果能设立寻找水源的役权,那么也能设立一旦水源找到,则允许其引水的役权。

D. 8. 3. 11   *Celsus libro vicensimo septimo digestorum*

Per fundum, qui plurium est, ius mihi esse eundi agendi potest separatim cedi. ergo suptili ratione non aliter meum fiet ius, quam si omnes cedant et novissima demum cessione superiores omnes confirmabuntur: benignius tamen dicetur et antequam novissimus cesserit, eos, qui antea cesserunt, vetare uti cesso iure non posse.

D. 8. 3. 12   *Modestinus libro nono differentiarum*

Inter actum et iter nonnulla est differentia: iter est enim, qua quis pedes vel eques commeare potest, actus vero, ubi et armenta traicere et vehiculum ducere liceat.

D. 8. 3. 13pr.   *Iavolenus libro decimo ex Cassio*

Certo generi agrorum adquiri servitus potest, velut vineis, quod ea ad solum magis quam ad superficiem pertinet. ideo sublatis vineis servitus manebit: sed si in contrahenda servitute aliud actum erit, doli mali exceptio erit necessaria.

D. 8, 3, 11 杰尔苏:《学说汇纂》第 27 卷

当一块土地属于若干人之时,我在其上通行和运输的权利可分别由每个共有人授予我。因此从狭义上讲,除非全体人授予了这种权利,否则我就不能取得它,并且只有最后一人的授权才能使先前各个人的授权生效。然而从广义上讲,在最后一个人授权之前,先作出授权的那些人不能禁止我行使已授予我的权利。

D. 8, 3, 12 莫德斯丁:《区别集》第 9 卷

在运输通道和个人通道之间的区别并非微小:因为个人通道是指步行或者骑马通行的地方;而运输通道,确切地说,是驱赶牲畜群和驾车通过的地方。

D. 8, 3, 13pr. 雅沃伦:《评卡西》第 10 卷

可以为特定类型的农用土地设立役权:比如葡萄园;由于役权属于土地而不属于地上之物,因此,葡萄园被拆除之后役权还是能够得到保留。但是如果在役权设立之时另有约定的,【供役地所有权人】需要恶意抗辩【来否认役权存续】。

D. 8. 3. 13. 1

Si totus ager itineri aut actui servit, dominus in eo agro nihil facere potest, quo servitus impediatur, quae ita diffusa est, ut omnes glaebae serviant, at[1] si iter actusve sine ulla determinatione legatus est: modo determinabitur et qua primum iter determinatum est, ea servitus constitit, ceterae partes agri liberae sunt: igitur arbiter dandus est, qui utroque casu viam determinare debet.

D. 8. 3. 13. 2

Latitudo actus itinerisque ea est, quae demonstrata est: quod si nihil dictum est, hoc ab arbitro statuendum est. in via aliud iuris est: nam si dicta latitudo non est, legitima debetur.

D. 8. 3. 13. 3

Si locus non adiecta latitudine nominatus est, per eum qualibet iri poterit: *sin* autem praetermissus est aeque latitudine non adiecta, per totum fundum una poterit eligi via dumtaxat eius latitudinis, quae lege comprehensa est: pro quo ipso, si dubitabitur, arbitri officium invocandum est.

---

[1] ⌈aut⌉, vd. Mo. – Kr., nt. 20.

D. 8, 3, 13, 1

如果整块农用土地都是负担着个人通行役权或者运输通行役权，那么土地所有权人不能在土地上做有碍于役权的任何事项，因为役权是那么地宽泛以至于整块土地都负担着该项役权。但是，如果个人通行役权或者运输通行役权是通过遗赠取得的，并且没有任何限定，那么可以马上确定下来：第一次通行之处，即为役权确定之处，而供役地的其他地方就没有役权负担了。因此，在上述两种情况下也都可以通过一个仲裁者将通道确定下来。

D. 8, 3, 13, 2

运输通道和个人通道的宽度由约定所确定；因此如果没有任何约定，则应当由一位仲裁者来确定。对于道路通行权是另外一回事：如果没有约定宽度，则应遵从法定的宽度。

D. 8, 3, 13, 3

如果只是讲明了地点而没有确定其宽度，那么就可以在该地任何方位通行；如果忽略了地点而且同样也没有确定其宽度，则只可以在整块土地上选择一条通道，且不能超过法定的宽度通行。对此如有疑问，应当通过仲裁确定。

D. 8. 3. 14   *Pomponius libro trigensimo secundo ad Quintum Mucium*

Per quem locum viam alii cessero, per eundem alii aquae ductum cedere non potero: sed et si aquae ductum alii concessero, alii iter per eundem locum vendere vel alias cedere non potero.

D. 8. 3. 15   *Idem libro trigensimo primo ad Quintum Mucium*

Quintus Mucius scribit, cum iter aquae vel cottidianae vel aestivae vel quae intervalla longiora habeat per alienum fundum erit, licere fistulam suam vel fictilem vel cuiuslibet generis in rivo ponere, quae aquam latius exprimeret, et quod vellet in rivo facere, licere, dum ne domino praedii aquagium deterius faceret.

D. 8. 3. 16   *Callistratus libro tertio de cognitionibus*

Divus Pius aucupibus ita rescripsit: οὐκ ἔστιν εὔλογον ἀκόντων τῶν δεσποτῶν ὑμᾶς ἐν ἀλλοτρίοις χωρίοις ἰξεύειν [non habet rationem vos in alienis locis invitis dominis aucupari]

D. 8, 3, 14 彭波尼:《论昆图斯·穆奇乌斯》第32卷

对于我要为某人设立道路通行权之地,我不得再为另一人设立引水权;同样我要授予某人引水权,我也不能通过出售或者其他方式在同一地点给其他人设立一项个人通行役权。

D. 8, 3, 15 同一作者:《论昆图斯·穆奇乌斯》第31卷

穆奇乌斯写道:当在他人土地上有引水权之时,无论是常年的,还是夏季的,或者是更长的间隔时间的,就可以为获取更多的水而在渠道中铺设铅制的或者陶制的或者其他材料做成的管道;【并写道】也可以在渠道中做任何他想做的事,只要不因此妨碍土地主人的引水。

D. 8, 3, 16 卡里斯特拉图:《论审理》第3卷

已故的皇帝【安东尼】庇护(Pius)对捕鸟者如是批复说:你们违背土地所有权人的意志进入他人土地去追捕鸟雀,是没有正当理由的。

D. 8. 3. 17 *Papirius Iustus libro primo de constitutionibus*

Imperatores Antoninus et Verus Augusti rescripserunt aquam de flumine publico pro modo possessionum ad irrigandos agros dividi oportere, nisi proprio iure quis plus sibi datum ostenderit. item rescripserunt aquam ita demum permitti duci, si sine iniuria alterius id fiat.

D. 8. 3. 18 *Ulpianus libro quarto decimo ad Sabinum*

Una est via et si per plures fundos imponatur, cum una servitus sit. denique quaeritur, an, si per unum fundum iero, per alium non per tantum tempus, quanto servitus amittitur, an retineam servitutem? et magis est, ut aut tota amittatur aut tota retineatur: ideoque si nullo usus sum, tota amittitur, si vel uno, tota servatur.

D. 8. 3. 19 *Paulus libro sexto ad Sabinum*

Si unus ex sociis stipuletur iter ad communem fundum, inutilis est stipulatio, quia nec dari ei potest: sed si omnes stipulentur sive communis servus, singuli ex sociis sibi dari oportere petere possunt, quia ita dari eis potest: ne, si stipulator viae plures heredes reliquerit, inutilis stipulatio fiat.

D. 8, 3, 17 帕里皮·尤斯特：《论谕令》第 1 卷

安东尼（Antoninus）和维鲁（Verus）皇帝通过批复规定道：为了灌溉土地之目的，需要根据土地面积比例来分配公共河流的水，除非有人能够证明他依据其权利应当获得更多的水。同样通过批复规定，只有在不给他人造成不利的情况下才能允许引水。

D. 8, 3, 18 乌尔比安：《论萨宾》第 14 卷

通过多块土地的一条道路，道路通行权视为是一项。因此提出一个问题，如果在将导致役权丧失的时间内，我只通一块土地而不通过其他土地通行的方式，能否保持我的役权？更可接受的观点是要么丧失整个役权，要么整个役权得到保留。因此，如果不在任何土地上通行，则丧失整个役权；但即使只在一块土地上【通行】，那么整个役权将得到保留。

D. 8, 3, 19 保罗：《论萨宾》第 6 卷

如果共有人之一通过要式口约被允诺设立个人通行至共有地的役权，此项要式口约无效，因为不能【只为】他的利益设立一项役权；但是如果全体共有人或者他们共有的奴隶通过要式口约允许【设立该项役权】，任何一个共有人都可以起诉要求取得【通行权的设立】，因为用这种方式将为他们【全体】设立该项役权；同理，通过要式口约获得通行役权的人死后留下了几个继承人之时，要式口约仍然有效。

D. 8. 3. 20pr.   *Pomponius libro trigensimo tertio ad Sabinum*

Si mihi eodem tempore concesseris et ire agere per tuum locum et uti frui eo ius esse, deinde ego tibi concessero ius mihi
uti frui non esse: non aliter eo loco uteris frueris, quam ut ire
agere mihi recte liceat. item si et ducere per tuum fundum
aquam iure potuero et in eo tibi aedificare invito me ius non fuerit: si tibi concessero ius esse aedificare, nihilo minus hanc servitutem mihi praestare debebis, ne aliter aedifices, quam ut ductus
aquae meus maneat, totiusque eius rei condicio talis esse debet,
qualis esset, si una dumtaxat initio concessio facta esset.

D. 8. 3. 20. 1

Servitus naturaliter, non manu facto laedere potest fundum
servientem: quemadmodum si imbri crescat aqua in rivo aut ex
agris in eum confluat aut aquae fons secundum rivum vel in eo
ipso inventus postea fuerit.

D. 8. 3. 20. 2

Si fundo Seiano confinis fons fuerit, ex quo fonte per fundum Seianum aquam iure ducebam, meo facto fundo Seiano manet servitus.

D. 8, 3, 20pr.　彭波尼:《论萨宾》第 33 卷

如果你同时授予我在你的土地的某一区域上的个人通行权与运输通行权,以及用益权（uti fruti）,随后我向你声明放弃用益权,你也将不在该地行使该项权利,除非确保我的个人通行权和运输通行权。同样,如果我基于【役】权而可以通过你的土地引水,你未经我的同意无权建造建筑物;如果后来我允许你有建筑之权,你则应当赋予我这样的役权,即你只以确保我的引水权的方式建造;所有这些情况应当这样被理解,即自始就只设立过一项役权。

D. 8, 3, 20, 1

役权可以依其自然性质给供役地带来损害,而不能因人的行为而对此造成损害。比如,因为下雨而造成了水渠水位上升,或者两边土地的水流入了水渠,或者在水渠边上或者水渠中后来出现了某一泉水源。

D. 8, 3, 20, 2

如果沿着塞亚诺（Seiano）的土地边缘有一水源,我基于一项【役】权从该水源经塞亚诺的土地引水,如果他的土地成为我的了,该项役权将得以保留。

D. 8. 3. 20. 3

Hauriendi ius non hominis, sed praedii est.

D. 8. 3. 21   *Paulus libro quinto decimo ad Sabinum*

Si mihi concesseris iter aquae per fundum tuum non destinata parte, per quam ducerem, totus fundus tuus serviet:

D. 8. 3. 22   *Pomponius libro trigensimo tertio ad Sabinum*

sed quae loca eius fundi tunc, cum ea fieret cessio, aedificiis arboribus vineis vacua fuerint, ea sola eo nomine servient.

D. 8. 3. 23pr.   *Paulus libro quinto decimo ad Sabinum*

Via constitui vel latior octo pedibus vel angustior potest, ut tamen eam latitudinem habeat, qua vehiculum ire potest: alioquin iter erit, non via.

D. 8. 3. 23. 1

Si lacus perpetuus in fundo tuo est, navigandi quoque servitus, ut perveniatur ad fundum vicinum, imponi potest.

D. 8, 3, 20, 3

汲水的权利不是属于人，而是属于土地的。

D. 8, 3, 21　保罗:《论萨宾》第 15 卷

如果你授权我通过你的土地引水而没有明确在土地的哪一部分让我引水，你的整块土地将负担该项役权。

D. 8, 3, 22　彭波尼:《论萨宾》第 33 卷

但是因此而负担役权的只是在役权设定之时，土地上没有建筑物、树木和葡萄园的那部分。

D. 8, 3, 23pr.　保罗:《论萨宾》第 15 卷

道路通行权可以设定为宽于或者窄于八尺，只要有足够的宽度让一辆车通行；否则的话，是个人通行权而不是道路通行权。

D. 8, 3, 23, 1

如果在你的土地之上【有】一个永久性的湖泊，也可以设立一项航行过去以到达相邻土地的役权。

D. 8. 3. 23. 2

Si fundus serviens vel is cui servitus debetur publicaretur, utroque casu durant servitutes, quia cum sua condicione quisque fundus publicaretur.

D. 8. 3. 23. 3

Quaecumque servitus fundo debetur, omnibus eius partibus debetur: et ideo quamvis particulatim venierit, omnes partes servitus sequitur et ita, ut singuli recte agant ius sibi esse eundi. si tamen fundus, cui servitus debetur, certis regionibus inter plures dominos divisus est, quamvis omnibus partibus servitus debeatur, tamen opus est, ut hi, qui non proximas partes servienti fundo habebunt, transitum per reliquas partes fundi divisi iure habeant aut, si proximi patiantur, transeant.

D. 8. 3. 24 *Pomponius libro trigensimo tertio ad Sabinum*

Ex meo aquae ductu Labeo scribit cuilibet posse me vicino commodare: Proculus contra, ut ne in partem mei [1] fundi aliam, quam ad quam servitus adquisita sit, uti ea possit. Proculi sententia verior est.

---

[1] ⌜meam partem⌝, vd. Mo. – Kr. , nt. 13.

D. 8, 3, 23, 2

如果一块供役地或需役地被没收，役权仍然存在。因为土地在被没收后，其所处的法律地位不变。

D. 8, 3, 23, 3

如果对某一土地负有任何性质的役权，则是向该土地的所有部分都负担着役权；因此，即使该土地被分块出售了，役权也是附随于每一块，这样任何一个所有权人都可以起诉请求确认其有个人通行经过土地的权利。如果需役地被分割给了几个人且每个人拥有一确定的部分，由于役权附随于土地的每一部分，那些与供役地不相邻的土地的所有权人基于该【役】权可以经过其他人所有的部分通行，或者邻居容忍他通行【以便到达供役地】。

D. 8, 3, 24 彭波尼:《论萨宾》第33卷

拉贝奥写道：我可以给任何一位邻居以从我的引水渠中借*水的权利；相反，普罗库勒则写道：在役权设定之外的，即使是我的土地的部分也是不能享有役权的。普罗库勒的观点更为正确。

---

*　此处是指使用借贷。——译者注

D. 8. 3. 25   *Idem libro trigensimo quarto ad Sabinum*

Si partem fundi mei certam tibi vendidero, aquae ductus ius, etiamsi alterius partis causa plerumque ducatur, te quoque sequetur: neque ibi aut bonitatis agri aut usus eius aquae ratio habenda est ita, ut eam solam partem fundi, quae pretiosissima sit aut maxime usum eius aquae desideret, ius eius ducendae sequatur, sed pro modo agri detenti aut alienati fiat eius aquae divisio.

D. 8. 3. 26   *Paulus libro quadragensimo septimo ad edictum*

Si via iter actus aquae ductus legetur simpliciter per fundum, facultas est heredi, per quam partem fundi velit, constituere servitutem, si modo nulla captio legatario in servitute fit.

D. 8. 3. 27   *Iulianus libro septimo digestorum*

Si communi fundo meo et tuo serviat fundus Sempronianus et eundem in commune redemerimus, servitus extinguitur, quia par utriusque domini ius in utroque fundo esse incipit. at si proprio meo fundo et proprio tuo idem serviat, manebit servitus, quia proprio fundo per communem servitus deberi potest.

D. 8, 3, 25 同一作者:《论萨宾》第 34 卷

如果我将土地的某一确定的部分出售于你,那么你也将拥有引水权,即使引水的目的主要是为了土地未出售的那部分;在这种情况下,不应考虑土地的性质来决定让土地价值高的部分或者更需要水的部分独享引水权,水应当根据土地未出售部分与出售部分的比例来分配。

D. 8, 3, 26 保罗:《论告示》第 47 卷

如果道路通行权、个人通行权、运输通行权和引水权是因遗赠赋予而没有确定位于土地的哪一部分,继承人有权【确定】在土地的哪一部分上设立役权,只要他对此项役权的设立没有给被遗赠人造成不利。

D. 8, 3, 27 尤里安:《学说汇纂》第 7 卷

如果塞普洛尼奥的土地对你我所共有的土地负担着一项役权,我和你共同购买了这块土地,那么役权就消灭,因为在两块土地上每个所有权人的权利都一样了。如果这块【你我共同购买的】土地对我个人的另一块土地负有一项役权,对你个人的一块土地也负有一项役权,那么役权将得到保留,因为共有的土地可以向个人的土地负担一项役权。

D. 8. 3. 28   *Idem libro trigensimo quarto digestorum*

Itinere ad praedium commune duorum legato nisi uterque de loco itineris consentiat, servitus neque adquiritur neque deperit.

D. 8. 3. 29   *Paulus libro secundo epitomarum Alfeni digestorum*

Qui duo praedia confinia habuerat, superiorem fundum vendiderat: in lege ita dixerat, ut aquam sulco aperto emptori educere in fundum inferiorem recte liceat: si emptor ex alio fundo aquam acciperet et eam in inferiorem ducere vellet, quaesitum est, an possit id suo iure facere nec ne. respondi nihil amplius, quam quod ipsius fundi siccandi causa derivaret, vicinum inferiorem recipere debere.

D. 8. 3. 30   *Idem libro quarto epitomarum Alfeni digestorum*

Qui duo praedia habebat, in unius venditione aquam, quae in fundo nascebatur, et circa eam aquam late decem pedes exceperat: quaesitum est, utrum dominium loci ad eum pertineat an ut per eum locum accedere possit. respondit, si ita recepisset: "circa eam aquam late pedes decem", iter dumtaxat videri venditoris esse.

D. 8, 3, 28 同一作者:《学说汇纂》第34卷

如果遗赠给两人共有的土地一项个人通行权，如果就通行的地点两人无法达成协议，那么既不取得也不丧失该项役权 *。

D. 8, 3, 29 保罗:《阿尔芬学说汇纂摘要》第2卷

拥有两块相邻土地的人将地势较高的那块出售了；在【出售契约的】条款中如此约定：买受人通过开沟可以将水排往地势较低的土地之上。如果买受人想将从另一块更高的土地上流入的水排往地势较低的土地之上，就提出了一个问题，根据他的【役】权是否能够这样做。答复说地势低的邻居除了从买受人自己土地上通过沟渠排出的水之外没有任何义务接收额外的水。

D. 8, 3, 30 同一作者:《阿尔芬学说汇纂摘要》第4卷

拥有两块土地的人在出售其中之一时，将土地上的水源和水源边上十尺之地作为例外保留了。提出了这么一个问题，保留之地的所有权仍属于他呢，还只是他可以进入该部分土地？答复说，如果保留是这样表述的"围着水源十尺之宽"，则认为出售人只拥有个人通行权。

---

* 此处是指役权处于悬而未决的状况：由于通行的具体地点、路线未定，尚无法行使役权；未丧失，是指就此无法达成协议并不导致役权的丧失，一旦确定下来，就能行使。——译者注

D. 8. 3. 31   *Iulianus libro secundo ex Minicio*

Tria praedia continua trium dominorum[1] erant: imi praedii dominus ex summo fundo imo fundo servitutem aquae quaesi-
erat et per medium fundum domino concedente in suum agrum
ducebat: postea idem summum fundum emit: deinde imum fundum, in quem aquam induxerat, vendidit. quaesitum est, num
imus fundus id ius aquae amisisset, quia, cum utraque praedia
eiusdem domini facta essent, ipsa sibi servire non potuissent.
negavit amisisse servitutem, quia praedium, per quod aqua duce-
batur, alterius fuisset et quemadmodum servitus summo fundo, ut
in imum fundum aqua veniret, imponi aliter non potuisset, quam
ut per medium quoque fundum duceretur, sic eadem servitus
eiusdem fundi amitti aliter non posset, nisi eodem tempore etiam
per medium fundum aqua duci desisset aut[2] tria simul praedia
unius domini facta essent.

---

[1] [adiecta], vd. Mo. – Kr. , nt. 18.
[2] [omnium], vd. Mo. – Kr. , nt. 1.

D. 8, 3, 31　尤里安:《评米尼奇》第 2 卷

三块相互邻接的土地分别属于三个人,最下面那块土地的所有权人为其土地获得了从最上面那块土地引水的役权,他经中间那块土地的所有权人同意而经其土地将水引向他自己的土地,后来他购买了最上面的那块土地,随后又卖掉了导入水的最下面的那块土地。提出了问题:两个土地变成为同一个所有权人所有,在这两块土地之间不可能存在役权,因而最下面那块土地是否丧失了引水权?【法学家】认为那一役权并未丧失,因为引水经过的那块土地是另一人的。就像只有将水引入中间那块土地,最上面那块土地才能负担水被引至最下面那块土地的役权一样,只有水不流经中间那块土地或者三块土地都变成了同一个所有权人的土地之时,最下面那块土地的该役权才能消灭。

D. 8. 3. 32   *Africanus libro sexto quaestionum*

Fundus mihi tecum communis est: partem tuam mihi tradidisti et ad eundem viam per vicinum tuum proprium. recte eo modo servitutem constitutam ait neque quod dici soleat per partes nec adquiri nec imponi servitutes posse isto casu locum habere: hic enim non per partem servitutem adquiri, utpote cum in id tempus adquiratur, quo proprius meus fundus futurus sit.

D. 8. 3. 33pr.   *Idem libro nono quaestionum*

Cum essent mihi et tibi fundi duo communes Titianus et Seianus et in divisione convenisset, ut mihi Titianus, tibi Seianus cederet, invicem partes eorum tradidimus et in tradendo dictum est, ut alteri per alterum aquam ducere liceret: recte esse servitutem impositam ait, maxime si pacto stipulatio subdita sit.

D. 8. 3. 33. 1

Per plurium praedia aquam ducis quoquo modo imposita servitute: nisi pactum vel stipulatio etiam de hoc subsecuta est, neque eorum cuivis neque alii vicino poteris haustum ex rivo cedere: pacto enim vel stipulatione intervenientibus et hoc concedi solet, quamvis nullum praedium ipsum sibi servire neque servitutis fructus constitui potest.

D. 8, 3, 32　阿菲利加:《问题集》第6卷

一块土地是你我共有的。你将你的部分交付给我,同时为该土地之上在相邻的你个人的土地之上设立了一项道路通行权。【尤里安】说,通过这样的方式,役权正确地被设立了;在这种情况中,并不适用所谓的"役权不能被部分地取得,也不能被部分地设立"规则:因为在此处役权并不是被部分地取得,因为役权获得之时该土地也同时变成我一个人的了。

D. 8, 3, 33pr.　同一作者:《问题集》第9卷

名为提丘诺和塞亚诺的两块土地为你我所共有,并且在共有物分割之时达成合意将提丘诺土地归属于我,将塞亚诺土地归属于你,分别向我们各自交付并且在交付之时约定任何一方都可以通过对方的土地引水。【尤里安】说,役权被正确地设立了,特别是如果上述简约之上再添加了一要式口约的话。

D. 8, 3, 33, 1

基于一项役权,经过一块由多人共有的土地你进行了引水,役权是如何设定的并不重要。你既不能为上述共有权之任何一人,也不能为其他邻居设立一项从水渠中汲水的权利,除非就此订立一个特别的简约或一项要式口约:因为通过简约或者要式口约就可以授予他们上述权利,虽然不能为供役地本身设立役权,役权之上也不得再设立用益权。

D. 8. 3. 34pr.   *Papinianus libro septimo quaestionum*

Unus ex sociis fundi communis permittendo ius esse ire agere nihil agit: et ideo si duo praedia, quae mutuo serviebant, inter eosdem fuerint communicata, quoniam servitutes pro parte
retineri placet, ab altero servitus alteri remitti non potest: quamvis enim unusquisque sociorum solus sit, cui servitus debetur,
tamen quoniam non personae, sed praedia deberent, neque
adquiri libertas neque remitti servitus per partem poterit.

D. 8. 3. 34. 1

Si fons exaruerit, ex quo ductum aquae habeo isque post
constitutum tempus ad suas venas redierit, an aquae ductus amis-
sus erit, quaeritur:

D. 8, 3, 34pr. 帕比尼安:《问题集》第7卷

一块共有的土地的共有人之一允许【他人有】一项个人通行权或者运输通行权的行为没有任何【役权设立的】效果;因此,如果两个相互拥有役权的土地成为了原先各自所有权人的共有物,由于各自的役权根据所有权的份额得到保留的观点是得到普遍赞同的,一方向另一方所负担的役权不能解除:因为虽然每一个共有权人都是独立地享有役权,但是由于役权并不是附随于人,而是附随于土地;因而不能部分地解除【供役地的】役权负担,也不能被部分地解除。

D. 8, 3, 34, 1

如果我有权引导的水源干涸了,过了那段【将导致役权消灭的】期限之后水又开始流淌,产生的问题是:我的引水权是否消灭了?

D. 8. 3. 35 *Paulus libro quinto decimo ad Plautium*

et Atilicinus ait Caesarem Statilio Tauro rescripsisse in haec verba: "Hi, qui ex fundo Sutrino aquam ducere soliti sunt, adierunt me proposueruntque aquam, qua per aliquot annos usi sunt ex fonte, qui est in fundo Sutrino, ducere non potuisse, quod fons exaruisset, et postea ex eo fonte aquam fluere coepisse: petieruntque a me, ut quod ius non neglegentia aut culpa sua amiserant, sed quia ducere non poterant, his restitueretur. quorum mihi postulatio cum non iniqua visa sit, succurrendum his putavi. itaque quod ius habuerunt tunc, cum primum ea aqua pervenire ad eos non potuit, id eis restitui placet."

D. 8. 3. 36 *Idem libro secundo responsorum*

Cum fundo, quem ex duobus retinuit venditor, aquae ducendae servitus imposita sit, empto praedio quaesita servitus distractum denuo praedium sequitur: nec ad rem pertinet, quod stipulatio, qua poenam promitti placuit, ad personam emptoris, si ei forte frui non licuisset, relata est.

D. 8，3，35 保罗：《论普拉蒂》第15卷

关于上述问题，阿蒂里琴（Atilicinus）说，皇帝给斯塔提里·奥陶洛（Statilio Tauro）批复中这样写道："经常从苏特林（Sutrino）土地上引水的人们来到我这里并对我说，他们再也不能从该土地上引入他们已使用了多年的泉水，因为它已经干涸了。后来泉水又开始流淌，他们请求我恢复其权利，因为他们失去了那一权利不是因为他们有何疏忽或过失，而是因为他们确实无法引水。在我看来，其请求不无道理。我认为他们应得到我的帮助。因此我决定，他们在首次不能获得水供应的那一天所享有的引水权应予以恢复。"

D. 8，3，36 同一作者：《解答集》第2卷

在出售人两块土地中那块他本人保留下来的土地之上负担了一项引水的役权，如果出售了的土地被再次转让，役权一直附随于其上。即使针对【第一个】买受人订立过要式口约约定，如果不是他本人享有该役权之时约定了罚金，这一约定并不重要。

D. 8. 3. 37 *Paulus libro tertio responsorum*

Λούκιος Τίτιος Γαΐω Σεΐω τῷ ἀδελφῷ πλεῖστα χαίρειν.
ὕδατος τοῦ ῥέοντος εἰς τὴν κατασκευασθεῖσαν ἐν ἰσθμῷ ὑπό τοῦ
πατρός μου δίδωμι καὶ χαρίζομαί σοι δάκτυλον εἰς τὴν οἰκίαν
σου τὴν ἐν τῷ ἰσθμῷ, ἢ ὅπου δ'ἂν βούλῃ. [Lucius Titius Gaio
Seio fratri salutem plurimam. Aquae, quaefluit in lacum a patre
meo factum in isthmo, digitum tibi do donoque indomum tuam in
isthmo vel quocumque velis.]

D. 8. 3. 38 *Idem libro primo manualium*

Flumine interveniente via constitui potest, si aut vado trans-
iri potest aut pontem habeat: diversum, si pontonibus traiciatur.
haec ita, si per unius praedia flumen currat: alioquin si tua praedia mihi vicina sint, deinde flumen, deinde Titii praedia, deinde
via publica, in quam iter mihi adquiri volo, dispiciamus ne nihil
vetet a te mihi viam dari usque ad flumen, deinde a Titio usque
ad viam publicam. sed videamus, num et si tu eorum praediorum
dominus sis, quae trans flumen intra viam publicam sint, idem
iuris sit, quia via consummari solet vel civitate tenus vel usque
ad viam publicam vel usque ad flumen, in quo pontonibus traiciatur. vel usque ad proprium aliud eiusdem domini praedium:
quod si est, non videtur interrumpi servitus, quamvis inter eiusdem domini praedia flumen publicum intercedat.

D. 8，3，37 同一作者:《解答集》第 3 卷

"鲁齐奥·提丘向其兄弟盖尤斯·塞亚诺致以诚挚的问候。对于父亲在地峡上所建造的大水桶中的水,我免费授权与你通过直径一寸的水流将水引入你家或者引入任何你想要的地方。"我提出一个问题:根据上述文字,盖尤斯·塞亚诺的继承人是否也有权用水呢?保罗解答道:没有法律上的必要性将此项权利转移给其继承人,被继承人的权利类似于使用权,对水的个人使用权。

D. 8，3，38 同一作者:《教科书》第 1 卷

当中间有一河流之时,如果可以在水浅处通过或者有一桥梁的话,就可以设立道路通行权;如果在浮桥上通行的话,则是另外一回事了。如果一条河穿过一人所有的几块土地的话,结论也一样。否则的话,如果你的土地与我的土地相邻,另外还有一条河及提丘的土地,最后有一条公共道路,我为了到该路上去希望获得一项通行权,我们确认下面这种做法没有任何障碍:你给我一条通行至河流的通行权;提丘给我一条到达公共道路的通行权。此外我们看一下如果河与公共道路之间的土地也是你的话,是否也可适用同样的规则。因为地上的通行权在遇到城市、公共道路或者上面有浮桥通行的河流或者同一所有权人的土地之时终止。如果是这样的话,即使一条公共河流穿过同一所有权人的不同土地,并不认为该项役权中断。

IV
COMMUNIA PRAEDIORUM TAM URBANORUM QUAM RUSTICORUM

D. 8. 4. 1pr.   *Ulpianus libro secundo institutionum*

Aedificia urbana quidem praedia appellamus: ceterum etsi in villa aedificia sint, aeque servitutes urbanorum praediorum constitui possunt.

D. 8. 4. 1. 1

Ideo autem hae servitutes praediorum appellantur, quoniam sine praediis constitui non possunt: nemo enim potest servitutem adquirere vel urbani vel rustici praedii, nisi qui habet praedium, nec quisquam debere, nisi qui habet praedium.

D. 8. 4. 2   *Idem libro septimo decimo ad edictum*

De aqua per rotam tollenda ex flumine vel haurienda, vel si quis servitutem castello imposuerit, quidam dubitaverunt, ne hae servitutes non essent: sed rescripto imperatoris Antonini ad Tullianum adicitur, licet servitus iure non valuit, si tamen hac lege comparavit seu alio quocumque legitimo modo sibi hoc ius adquisivit, tuendum esse eum, qui hoc ius possedit.

第四节

城市役权与乡村役权的共同要件

D. 8, 4, 1pr.　乌尔比安:《法学阶梯》第 2 卷

我们将城市建筑物也称之为土地；实际上即使在一个乡村别墅里的建筑物也可以同样设立城市土地役权。

D. 8, 4, 1, 1

这些役权被称作地役权的原因如下，即没有土地就无法被设立：因为自己没有土地的人不能获得城市或者乡村土地上的役权；没有自己的土地也不能设立役权负担。

D. 8, 4, 2　同一作者:《论告示》第 17 卷

有些【法学家】对下列这些是否属于役权存在疑问：用一个水车从河流中抽水；或者【用水桶】汲水；或者有人在一个水箱上设立了一项役权。在安东尼【庇护】皇帝给图里安（Tullianum）的批复中说：虽然根据法律，役权无效，但如果他是以那么一个条款购买【土地】的或者以其他任何合法的方式取得该项权利的，获得这项权利的人无论如何都应当得到法律的保护。

D. 8. 4. 3 *Gaius libro septimo ad edictum provinciale*

Duorum praediorum dominus si alterum ea lege tibi dederit,
ut id praedium quod datur serviat ei quod ipse retinet, vel contra, iure imposita servitus intellegitur.

D. 8. 4. 4 *Iavolenus libro decimo ex Cassio*

Caveri, ut ad certam altitudinem monumentum aedificetur,
non potest, quia id, quod humani iuris esse desiit, servitutem
non recipit: sicut ne illa quidem servitus consistere potest, ut
certus numerus hominum in uno loco humetur.

D. 8. 4. 5 *Idem libro secundo epistularum*

Proprium solum vendo: an servitutem talem iniungere possim, ut mihi et vicino serviat? similiter si commune solum vendo, ut mihi et socio serviat, an consequi possim? respondi: servitutem recipere nisi sibi nemo potest: adiectio itaque vicini pro
supervacuo habenda est, ita ut tota servitus ad eum, qui re-
ceperit, pertineat. solum autem communem vendendo ut mihi et
socio serviat, efficere non possum, quia per unum socium communi solo servitus adquiri non potest.

D. 8，4，3　盖尤斯：《论行省告示》第7卷

如果所有权人将两块土地的其中一块以下列条款将所有权转让给你：给你的土地将对他自己所保留的那块土地负担一项役权，或者相反。那么人们认为役权是依法设立的。

D. 8，4，4　雅沃伦：《评卡西》第10卷

不能担保坟墓不超过某一高度，因为不能对已经不再属于人法范畴的物设立役权；同样类似于下面的役权也不能存在：在同一坟墓中埋葬多少人。

D. 8，4，5　同一作者：《书信集》第2卷

我能否在出售一块个人所有的土地的契约中加入这样的一个役权条款：该土地向我及我的邻居负担一项役权？同样，如果我出售一块共有的土地，我能要求该土地向我及其他共有人负担一项役权吗？答复说：任何人只能为自己取得役权。因此，加上邻居的行为将被认为完全无用，这一役权完全属于设立者。如果我一个人出售了一块共有地，我不能让土地向我和我的共有人负担一项役权，因为共有人之一不能为整个共有土地取得一项役权。

D. 8. 4. 6pr. *Ulpianus libro vicensimo octavo ad Sabinum*

Si quis duas aedes habeat et alteras tradat, potest legem traditioni dicere, ut vel istae quae non traduntur servae sint his quae traduntur, vel contra ut traditae retentis aedibus serviant: parvique refert, vicinae sint ambae aedes an non. idem erit et in praediis rusticis: nam et si quis duos fundos habeat, alium alii potest servum facere tradendo. duas autem aedes simul tradendo non potest efficere alteras alteris servas, quia neque adquirere alienis aedibus servitutem neque imponere potest.

D. 8. 4. 6. 1

Si quis partem aedium tradet vel partem fundi, non potest servitutem imponere, quia per partes servitus imponi non potest, sed nec adquiri. plane si divisit fundum regionibus et sic partem tradidit pro diviso, potest alterutri servitutem imponere, quia non est pars fundi, sed fundus. quod et in aedibus potest dici, si dominus pariete medio aedificato unam domum in duas diviserit, ut plerique faciunt: nam et hic pro duabus domibus accipi debet.

D. 8, 4, 6pr.　乌尔比安:《论萨宾》第 28 卷

如果所有权人通过交付转让了两座建筑物中的一座,可以在转让契约中写入这样的条款:未出售的建筑物向已出售的那座负担一项役权,或者相反,出售的建筑物向未出售的那座负担一项役权;这两座建筑物相互之间的距离显得无关紧要。同一规则也可适用于乡村土地:因为如果有人有两块土地,在交付转让其中一块之时,可以让其对另外一块土地负担一项役权。如果同时转让两座建筑物,则不能让一座建筑物向另一座负担役权,因为在别人的建筑物上既不能取得也不能设立役权。

D. 8, 4, 6, 1

如果有人将建筑物或者土地的一部分转让,不能设立一项役权,因为役权不能部分地设立,也不能被部分地取得。如果某人将一块土地划分成若干小块并将一确定的部分交付转让,那么无疑相互之间就可以设立役权了:因为所涉及的不再是一块土地的某一部分,而是一块土地。此规则也适用于建筑物:如果所有权人在房子中间建了一堵墙而将房子一分为二,正如很多人都这么做的那样:因为在这种情况下房子应当被看作两座。

D. 8. 4. 6. 2

Item si duo homines binas aedes communes habeamus, simul tradendo idem efficere possumus, ac si ego solus proprias binas aedes haberem. sed et si separatim tradiderimus, idem fiet, sic tamen, ut novissima traditio efficiat etiam praecedentem traditionem efficacem.

D. 8. 4. 6. 3

Si tamen alterae unius propriae sint aedes, alterae communes, neutris servitutem vel adquirere vel imponere me posse Pomponius libro octavo ex Sabino scripsit.

D. 8, 4, 6, 2

同样，如果我们两人共有两座建筑物，假如将它们同时交付的话，也能获得如同我一个人拥有这些建筑物一样的效果。即使我们分别交付的话，结果也一样，只要以后面的交付使得前项交付生效的方式进行。

D. 8, 4, 6, 3

但是如果两座建筑物中之一座属于某人个人所有而另一座属共有，彭波尼在《评萨宾》第 8 卷中写道：在这两座建筑物中之任何一座我既不能取得也不能设立一项役权。

3a.

Si in venditione quis dixerit servas fore aedes quas vendidit, necesse non habet liberas tradere: quare vel suis aedibus eas servas facere potest vel vicino concedere servitutem, scilicet ante traditionem. plane si Titio servas fore dixit, si quidem Titio servitutem concesserit, absolutum est: si vero alii concesserit, ex empto tenebitur. a quo non abhorret, quod Marcellus libro sexto digestorum scribit, si quis in tradendo dixerit fundum Titio servire, cum ei non serviret, esset autem obligatus venditor Titio ad servitutem praestandam, an agere possit ex vendito, ut emptor servitutem imponi patiatur praedio quod mercatus est: magisque putat permittendum agere. idemque ait et si possit venditor Titio servitutem vendere, aeque agere permittendum. haec ita demum, si recipiendae servitutis gratia id in traditione expressum est: ceterum si quis, inquit, veritus, ne servitus Titio debeatur, ideo hoc excepit, non erit ex vendito actio, si nullam servitutem promisit.

D. 8. 4. 7pr.   *Paulus libro quinto ad Sabinum*

In tradendis unis aedibus ab eo, qui binas habet, species servitutis exprimenda est, ne, si generaliter servire dictum erit, aut nihil valeat, quia incertum sit, quae servitus excepta sit, aut omnis servitus imponi debeat.

3a.

如果某人在出售之时声明所出售的建筑物负担有一项役权，就没有必要将这些建筑物无役权负担地交付。因此，或者可以让它们向他的【另外】一座建筑物负担役权，或者在交付之前赋予邻居一项役权。如果声明该建筑物将向提丘的建筑物负担一项役权，如果确实为提丘设立了一项役权，他本身就不再承担责任；如果他赋予其他人【该项役权】，则将因买卖之诉而负责任。这与马尔切罗在《学说汇纂》第6卷所言并无差别：如果某人在交付一块土地之时声明说该土地对提丘的土地负有一项役权，事实上土地并没有负担着这项役权，但是出售人有义务向提丘提供一项役权，是否通过买卖之诉要求买受人容忍在他所购的土地上设立一项役权呢？认为更值得赞同的观点是允许其提起该项诉讼。同一法学家认为，即使出售人可以将役权出售给提丘，也应该允许其提起诉讼。但是上述判断只有在交付之时明确声明设立了役权才成立。他说，相反如果某人对是否向提丘负担一项役权存在疑问为此而保留了役权，那么如果他没有允诺过该项役权，就不能提起买卖之诉。

D. 8，4，7pr.　保罗：《论萨宾》第5卷

对两栋房屋享有所有权的人，在交付其中一栋房屋时必须说明他希望设立哪一种役权。因此，如果被交付的房屋按一般情况被说成是"供役物"，那么此话或是无效的，因为不确定被负担的是具体何种役权，或者意味着要负担所有【类型的】役权。

D. 8. 4. 7. 1

Interpositis quoque alienis aedibus servitus [1] imponi potest, veluti ut altius tollere vel non tollere liceat vel etiam sic [2]
iter debeatur, ut ita convalescat, si mediis aedibus servitus postea imposita fuerit: sicuti per plurium praedia servitus imponi etiam diversis temporibus potest. quamquam dici potest, si tria
praedia continua habeam et extremum tibi tradam, vel tuo vel
meis praediis servitutem adquiri posse: si vero extremo, quod
retineam, quia et medium meum sit, servitutem consistere, sed
si rursus aut id, cui adquisita sit servitus, aut medium alienave-
ro, interpellari eam, donec medio praedio servitus imponatur.

D. 8. 4. 8 *Pomponius libro octavo ad Sabinum*

Si cum duas haberem insulas, duobus eodem momento tradidero, videndum est, an servitus alterutris imposita valeat, quia
alienis quidem aedibus nec imponi nec adquiri servitus potest.
sed ante traditionem peractam suis magis adquirit vel imponit is
qui tradit ideoque valebit servitus.

---

[1]   < servitus > , vd. Mo. – Kr. , nt. 3.
[2]   ⌜si⌝, vd. Mo. – Kr. , nt. 4.

D. 8, 4, 7, 1

当【在两座建筑物】中间还有一座第三人的建筑物之时，可以设立一项役权，比如加高或者禁止加高役权，又比如在中间的建筑物上亦设立一项役权的条件下才能取得的个人通行役权；【通行役权】如果涉及多人的多个土地，可以在不同的时刻设立之。虽然可以这么说，即如果我有三块位置依次相连的土地，我向你交付最边上的一块土地，那么你的土地或者我的土地都可以获取一项役权；如果是我在另外一边上的土地【获得了役权】，役权是存在的，因为中间的土地也是我的；但是如果我出售了拥有役权的那块土地或者中间的那块土地，在中间的那块土地上设立役权之前，此前的那项役权将中断。

D. 8, 4, 8 彭波尼:《论萨宾》第 8 卷

如果我将所拥有的两座楼房同时交付给两个人，需要考察一下两者之间的一项役权是否有效，因为一般而言既不能在他人的建筑上设立役权也不能为他人的建筑取得役权。但是在建筑物被【分别】交付之前可以实施取得或设立【役权】，役权【被视为】有效。

D. 8. 4. 9   *Idem libro decimo ad Sabinum*

Si ei, cuius praedium mihi serviebat, heres exstiti et eam hereditatem tibi vendidi, restitui in pristinum statum servitus debet, quia id agitur, ut quasi tu heres videaris exstitisse.

D. 8. 4. 10   *Ulpianus libro decimo ad Sabinum*

Quidquid venditor servitutis nomine sibi recipere vult, nominatim recipi oportet: nam illa generalis receptio "quibus est servitus utique est" ad extraneos pertinet, ipsi nihil prospicit venditori ad iura eius conservanda: nulla enim habuit, quia nemo ipse sibi servitutem debet: quin immo et si debita fuit servitus, deinde dominium rei servientis pervenit ad me, consequenter dicitur extingui servitutem.

D. 8. 4. 11pr.   *Pomponius libro trigensimo tertio ad Sabinum*

Refectionis gratia accedendi ad ea loca, quae non serviant, facultas tributa est his, quibus servitus debetur, qua tamen accedere eis sit necesse, nisi in cessione servitutis nominatim praefinitum sit, qua accederetur: et ideo nec secundum rivum nec supra eum (si forte sub terra aqua ducatur) locum religiosum dominus soli facere potest, ne servitus intereat: et id verum est. sed et depressurum vel adlevaturum rivum, per quem aquam iure duci potestatem habes, nisi si ne id faceres cautum sit.

D. 8, 4, 9 同一作者:《论萨宾》第 10 卷

如果我成了我土地所负担的役权的权利人的继承人,并且如果我将遗产出售给你,那么役权将回复到最初状态 *,因为【通过出售遗产】达到这个效果:即你应该被认为就是继承人。

D. 8, 4, 10 乌尔比安:《论萨宾》第 10 卷

出售人对于他想以自己为受益人的役权的名义保留下来的应当明示保留,因为概括性的保留,例如这样的表述"享有役权的人,将之保留",所涉及的是其他人,并不能给出售人保留任何权利:因为他原本没有役权,理由是没有人会向自己负担一项役权;相反,即使最初我的某物拥有一项役权,随后供役物的所有权也归属于我了,一般认为这将导致役权的消灭。

D. 8, 4, 11pr. 彭波尼:《论萨宾》第 33 卷

享有役权的人为从事某种修理便有权进入非供役地的那些区域,但进入这些区域对他们来说应当以必需为限,除非在役权设立之时对可进入之地做出了明确的约定。因此,为了避免役权消灭,供役地的所有权人不能将水渠旁边的土地或者水渠上面的土地变为安魂之地。那一观点是正确的。此外,你可以为降低或加高你享有导水权的水渠【的目的而进入】,除非已约定不能这么做。

----

* 最初状态是指存在役权。——译者注

D. 8. 4. 11. 1

Si per[1] tuum fundum ius est mihi aquam rivo ducere, tacite[2] haec iura sequuntur, ut reficere mihi rivum liceat, ut adire, qua proxime possim, ad reficiendum eum ego fabrique mei, item ut spatium relinquat mihi dominus fundi, qua dextra et sinistra ad rivum adeam et quo terram limum lapidem harenam calcem iacere possim.

D. 8. 4. 12 *Paulus libro quinto decimo ad Sabinum*

Cum fundus fundo servit, vendito quoque fundo servitutes sequuntur. aedificia quoque fundis et fundi aedificiis eadem condicione serviunt.

D. 8. 4. 13pr. *Ulpianus libro sexto opinionum*

Venditor fundi Geroniani fundo Botriano, quem retinebat, legem dederat, ne contra eum piscatio thynnaria exerceatur. quamvis mari, quod natura omnibus patet, servitus imponi privata lege non potest, quia tamen bona fides contractus legem servari venditionis exposcit, personae possidentium aut in ius eorum succedentium per stipulationis vel venditionis legem obligantur.

---

[1] ⌐prope¬, vd. Mo. – Kr., nt. 12.
[2] ⌐tacita¬, vd. Mo. – Kr., nt. 13.

D. 8, 4, 11, 1

如果我有权通过位于你土地上的水渠引水，便由此产生下列潜在的权利：我有权修理水渠；为了进行修理我和我的工匠们有权进入离修理地最近之处；也包括土地所有权人要在水渠两边留出一块我能进入水渠的空地，我有权将土、淤泥、石头、石灰和泥沙置于其上。

D. 8, 4, 12　保罗：《论萨宾》第 15 卷

当一块土地向另一块土地负有一项役权之时，即使该土地被出售，役权也附随于该土地。如果建筑物向土地负有役权，或者土地向建筑物负有役权，适用同样的规则。

D. 8, 4, 13pr. 乌尔比安：《意见集》第 6 卷

土地出售人为了他未出售的名为伯特利亚诺的土地的利益，在出售名为杰诺尼亚诺的土地的买卖契约中约定：不能在损害伯特利亚诺土地的情况下捕金枪鱼。虽然不能以私人协议设定一项涉及海域的役权，因为按其性质它是向公众开放的，但因契约的诚信原则要求信守买卖契约的该项条款，故占有人或承受其权利的人要受要式口约或买卖契约的约束。

D. 8. 4. 13. 1

Si constat in tuo agro lapidicinas esse, invito te nec privato nec publico nomine quisquam lapidem caedere potest, cui id faciendi ius non est: nisi talis consuetudo in illis lapidicinis consistat, ut si quis voluerit ex his caedere, non aliter hoc faciat, nisi prius solitum solacium pro hoc domino praestat: ita tamen lapides caedere debet, postquam satisfaciat domino, ut neque usus necessarii lapidis intercludatur neque commoditas rei iure domino adimatur.

D. 8. 4. 14 *Iulianus libro quadragensimo primo digestorum*

Iter nihil prohibet sic constitui, ut quis interdiu dumtaxat eat: quod fere circa praedia urbana etiam necessarium est.

D. 8. 4. 15 *Paulus libro primo epitomarum Alfeni digestorum*

Qui per certum locum iter aut actum alicui cessisset, eum pluribus per eundem locum vel iter vel actum cedere posse verum est: quemadmodum si quis vicino suas aedes servas fecisset, nihilo minus aliis quot vellet multis eas aedes servas facere potest.

D. 8, 4, 13, 1

如果在你的土地上有采石场，未经你的同意任何人不管以私人名义还是以公共名义都不能采石，除非是有权利这么做的人；或者除非对于该采石场存在着这样的习惯：即如果有人想采石，只要事先向所有权人支付通常数额的补偿款，就能采石。但是，应当以这样的方式采石，即向所有权人提供担保后才能采石，担保不妨碍对所有权人自己所必须石料的使用；不剥夺所有权人本人对该物的用益。

D. 8, 4, 14 尤里安：《学说汇纂》第 41 卷

设立只是在白天才能行使的个人通行役权没有任何障碍；对于城市役权，这一点几乎是必须的。

D. 8, 4, 15 保罗：《阿尔芬诺学说汇纂摘要》第 1 卷

为某人设立个人通行权和运输通行权的人，无疑他也可以在同一地点为更多的人设立个人通行权和运输通行权。同理，如果某人让自己的建筑物成为了邻居【建筑物】的供役地，那么他也可以让该建筑物成为众多其他人的建筑物的供役地，数量由其意愿来决定。

D. 8. 4. 16   *Gaius libro secundo rerum cottidianarum
sive aureorum*

Potest etiam in testamento heredem suum quis damnare, ne
altius aedes suas tollat, ne luminibus aedium vicinarum officiat,
vel ut patiatur eum tignum in parietem immittere, vel stillicidia
adversus eum habere, vel ut patiatur vicinum per fundum suum
vel heredis ire agere aquamve ex eo ducere.

D. 8. 4. 17   *Papinianus libro septimo quaestionum*

Si precario vicinus in tuo maceriam duxerit, interdicto
"quod precario habet" agi non poterit, nec maceria posita dona-
tio servitutis perfecta intellegitur, nec utiliter intendetur ius sibi
esse invito te aedificatum habere, cum aedificium soli condicionem secutum inutilem faciat intentionem. ceterum si in suo maceriam precario, qui servitutem tibi debuit, duxerit, neque libertas usucapietur et interdicto "quod precario habet" utiliter cum
eo agetur. quod si donationis causa permiseris, et interdicto agere non poteris et servitus donatione tollitur.

D. 8, 4, 16　盖尤斯:《日常事务》第 2 卷

在遗嘱中，被继承人也可以约束其继承人不要加高
【被继承人的】建筑，不要遮挡邻居的采光，要容忍他人在
他的墙上搭一根横梁，或者容忍他人排入他土地上的水，或
者容忍邻居个人通行或者运输通行经过被继承人的土地或者
继承人的土地，或者从他的土地上引水。

D. 8, 4, 17　帕比尼安:《问题集》第 7 卷

如果邻居以临时名义而在你的土地之上建了一堵石块堆
积的墙，【一方面】你不能以"有临时名义所建的物"开头
的令状禁止他;【另一方面】建好的墙也不能被视为是被赠
与一项役权，即使有违你的意愿也有权建此墙这一主张，也
不能在诉讼中得到支持，因为建筑物性质由土地性质所决定
这一事实使得原告的任何诉求都将无用。另外，对于负有役
权负担的人在他自己的土地上以临时的名义建了一堵墙
【从而妨碍了役权的行使】，不能因时效取得而豁免物上负
担，也不能以"有临时名义所建的物"开头的令状成功主
张为役权权利人。相反，如果你以赠与的目的同意他那么
做，那么一方面你不能以令状起诉，另一方面该项赠与导致
役权的消灭。

D. 8. 4. 18 *Paulus libro primo manualium*

Receptum est, ut plures domini et non pariter cedentes servitutes imponant vel adquirant, ut tamen ex novissimo actu etiam
superiores confirmentur perindeque sit, atque si eodem tempore
omnes cessissent. et ideo si is qui primus cessit vel defunctus sit
vel alio genere vel alio modo partem suam alienaverit, post
deinde socius cesserit, nihil agetur: cum enim postremus cedat,
non retro adquiri servitus videtur, sed perinde habetur, atque si,
cum postremus cedat, omnes cessissent: igitur rursus hic actus
pendebit, donec novus socius cedat. idem iuris est et si uni ex
dominis cedatur, deinde in persona socii aliquid horum acci-
derit. ergo et ex diverso si ei, qui non cessit, aliquid tale eorum
contigerit, ex integro omnes cedere debebunt: tantum enim tempus eis remissum est, quo quod una facere possunt vel⌐1⌐ diversis temporibus possint, et ideo non potest uni cedi⌐2⌐ vel unus
cedere. idemque dicendum est et si alter cedat, alter leget servitutes. nam si omnes socii legent servitutes et pariter eorum adea-
tur hereditas, potest dici utile esse legatum: si diversis temporibus, inutiliter dies legati cedit: nec enim sicut viventium, ita et
defunctorum actus suspendi receptum est.

---

[1] ⌐quo dare facere possunt, vel⌐, vd. Mo. – Kr., nt. 5.
[2] < cedi >, vd. Mo. – Kr., nt. 6.

D. 8，4，18　保罗：《教科书》第1卷

通说认为，多个所有权人，即使没有同时行为，也可以设立或者取得役权；最后一个【设立或者取得的】行为将使得前面的所有行为生效，就如同所有的行为都是同时完成的一样。因此，如果完成第一个设立行为的人去世了或发生了其他类型的权利继受，或者他将其份额以别的方式转让给他人，随后另一共有人完成了设立行为，那么没有任何法律效力：因为当后者完成设立行为之时，并不认为役权的取得发生在此前，而是被认为在最后一个设立行为完成之时，此前的设立行为也都完成了；因此，在新的共有人完成设立行为之前，此设立行为处于效力待定状况。如果设立一项受益人为共有人之一的役权，而共有人之一发生了上述事件之一的话，也适用同样的规则。因此，与上述情况相反的，如果上述事件发生在一个尚未进行设立的共有人身上，所有其他共有人必须重新进行设立行为：因为允许这些共有人在一个特定的期限内共同的设立之，即使是在这个期限内的不同时段；因此不能为共有人之一设立一项役权，也不能由共有人之一来设立一项役权。如果共有人之一是【生前行为】设立，而另一共有人则是通过遗赠设立，结论也一样。因为所有的共有人通过遗赠设立役权，如果遗赠同时被接受，那么可以说遗赠有效；如果相反在不同的时间被接受，因为接受遗赠的时间问题导致不产生任何法律效力：因为死者的行为像活人的行为那样处于效力待定的状况，这一观点是不被接受的。

V

SI SERVITUS VINDICETUR VEL AD ALIUM PERTINERE NEGETUR

D. 8. 5. 1   *Ulpianus libro quarto decimo ad edictum*

Actiones de servitutibus rusticis sive urbanis eorum sunt, quorum praedia sunt: sepulchra autem nostri dominii non sunt: adquin viam ad sepulchrum possumus vindicare.

D. 8. 5. 2pr.   *Idem libro septimo decimo ad edictum*

De servitutibus in rem actiones competent nobis ad exemplum earum quae ad usum fructum pertinent, tam confessoria quam negatoria, confessoria ei qui servitutes sibi competere contendit, negatoria domino qui negat.

第五节

论役权的确认与否认

D. 8, 5, 1 乌尔比安:《论告示》第14卷

关于乡村役权和城市役权的诉权属于土地的所有权人。墓地,由于不是我们的所有物,但是我们可以请求确认通往墓地的通行权。

D. 8, 5, 2pr. 同一作者:《论告示》第17卷

就役权而言,我们有权参照适用于用益权的诉讼提起对物之诉,包括确认之诉和否认之诉;确认之诉由主张役权归其享有的人提起,而否认之诉则由否认役权存在的所有权人提出。

D. 8. 5. 2. 1

Haec autem in rem actio confessoria nulli alii quam domino fundi competit: servitutem enim nemo vindicare potest quam is qui dominium in fundo vicino habet, cui servitutem dicit deberi.

D. 8. 5. 2. 2

Recte Neratius scribit, si medii loci usus fructus legetur, iter quoque sequi (per ea scilicet loca fundi, per quae qui usum fructum cessit constitueret) quatenus est ad fruendum necessarium: namque sciendum est iter, quod fruendi gratia fructuario praestatur, non esse servitutem, neque enim potest soli fructuario servitus deberi: sed si fundo debeatur, et ipse fructuarius ea utetur.

D. 8. 5. 2. 3

Pomponius dicit fructuarium interdicto de itinere uti posse, si hoc anno usus est: alibi enim de iure, id est in confessoria actione, alibi de facto, ut in hoc interdicto, quaeritur: quod et Iulianus libro quadragensimo octavo digestorum scribit. pro sententia Iuliani facit, quod Labeo scribit, etiam si testator usus sit qui legavit usum fructum, debere utile interdictum fructuario dari, quemadmodum heredi vel emptori competunt haec interdicta.

D. 8, 5, 2, 1

这项确认之诉只属于土地的所有权人：因为如果不是土地所有权人且声称【相邻土地】对其负有役权的人，就不能要求确认役权。

D. 8, 5, 2, 2

内拉蒂正确地写道：如果某人遗赠给他人土地中间部分的用益权，因为行使用益权而必须授予其个人通行权。事实上，应当明白为行使用益权而授予用益权人的个人通行权并不是一项役权，因为不能为土地的用益权人设立一项役权。但是如果是向一土地负担的役权，土地的用益权人也能够行使之。

D. 8, 5, 2, 3

彭波尼说，如果用益权人在同一年行使过个人通行权，那么就可以被赋予个人通行权的令状。因为在确认之诉中，需要考虑的是权利；而在令状中，需要考虑的则是事实；尤里安在《学说汇纂》第48卷中也是这样写的。赞同尤里安观点的，还有拉贝奥所写的：【也就是】如果遗赠用益权的遗嘱人行使过个人通行权，那么应当以给继承人和买受人令状一样的方式赋予用益权人扩用的令状。

D. 8. 5. 3   *Idem libro septuagensimo ad edictum*

Sed et si partem fundi quis emerit, idem dicendum est.

D. 8. 5. 4pr.   *Idem libro septimo decimo ad edictum*

Loci corpus non est dominii ipsius, cui servitus debetur, sed ius eundi habet.

D. 8. 5. 4. 1

Qui iter sine actu vel actum sine itinere habet, actione de servitute utetur.

D. 8. 5. 4. 2

In confessoria actione, quae de servitute movetur, fructus etiam veniunt. sed videamus, qui esse fructus servitutis possunt: et est verius id demum fructuum nomine computandum, si quid sit quod intersit agentis servitute non prohiberi. sed et in negatoria actione, ut Labeo ait, fructus computantur, quanti interest petitoris non uti fundi sui itinere adversarium: et hanc sententiam et Pomponius probat.

D. 8, 5, 3 同一作者:《论告示》第 70 卷

如果某人购买了土地的一部分，结论也是一样的。

D. 8, 5, 4pr. 同一作者:《论告示》第 17 卷

享有役权之人并非【供役地】通道的所有权人，而是他有通行的权利。

D. 8, 5, 4, 1

拥有个人通行权但无运输通行权之人或者拥有运输通行权但是没有个人通行权之人，将提起役权确认之诉。

D. 8, 5, 4, 2

在要求役权的确认之诉中，也包括孳息。现在我们看看哪些可以视为役权的孳息。更值得赞同的观点是：被归为孳息名下的是：如果不阻止原告行使役权所能够给他带来的利益。如拉贝奥所认为的那样，在否认之诉中，如果对方不在其土地上个人通行所能够给原告带来的利益即被视为孳息；此观点也得到了彭波尼的赞同。

D. 8. 5. 4. 3

Si fundus, cui iter debetur, plurium sit, unicuique in solidum competit actio, et ita et Pomponius libro quadragensimo primo scribit: sed in aestimationem id quod interest veniet, scilicet quod eius interest, qui experietur. itaque de iure quidem ipso singuli experientur et victoria et aliis proderit, aestimatio autem ad quod eius interest revocabitur, quamvis per unum adquiri servitus non possit.

D. 8. 5. 4. 4

Sed et si duorum fundus sit qui servit, adversus unumquemque poterit ita agi et, ut Pomponius libro eodem scribit, quisquis defendit, solidum debet restituere, quia divisionem haec res non recipit.

D. 8. 5. 4. 5

Si quis mihi itineris vel actus vel viae controversiam non faciat, sed reficere sternere non patiatur, Pomponius libro eodem scribit confessoria actione mihi utendum: nam et si arborem impendentem habeat vicinus, qua viam vel iter invium vel inhabile facit, Marcellus quoque apud Iulianum notat iter petendum vel viam vindicandam. sed de refectione viae et interdicto uti possumus, quod de itinere actuque reficiendo competit: non tamen si silice quis sternere velit, nisi nominatim id convenit.

D. 8, 5, 4, 3

如果一块个人通行权的需役地属于多人所有，那么每个人都享有连带诉权，彭波尼在【《论告示》】第41卷中也是这样写的；但在计算利益时考虑的将是提起诉讼之人的利益。因此每个人都可单独就通行权提起诉讼，而胜诉将对全体所有权人有利。利益的计算将限于每个共有权人的利益，尽管役权不能仅通过一个人取得。

D. 8, 5, 4, 4

如果一块供役地属于两个人，那么可以对他们中的任何一个人提起此诉，这正是彭波尼在同一卷中所写的：不论是谁应诉，都必须负担整个役权，因为役权（res）不容分割。

D. 8, 5, 4, 5

如果某人起诉我并不是为了否认我拥有的个人通行权或者运输通行权或者道路通行权，而是反对我对此进行维修或者在通道上铺石板。彭波尼在同一书中写道，我应当提起确认之诉：因为即使是邻居的树长到了个人通道或者道路之上以至于通道不可用或者造成不便利。马尔切罗在评论尤里安之时也说道，需要起诉要求个人通行权或者要求确认道路通行权。但是对道路的维修，我们也可以使用对个人通行道路与运输通行道路进行维修的令状。然而，如果某人想用石块铺路而对此没有特别约定的话，就不能【使用令状】。

D. 8. 5. 4. 6

Sed et de haustu, quia servitus est, competunt nobis in rem actiones.

D. 8. 5. 4. 7

Competit autem de servitute actio domino aedificii neganti servitutem se vicino debere, cuius aedes non in totum liberae sunt, sed ei cum quo agitur servitutem non debent. verbi gratia habeo aedes, quibus sunt vicinae Seianae et Sempronianae, Sempronianis servitutem debeo, adversus dominum Seianarum volo experiri altius me tollere prohibentem: in rem actione experiar: licet enim serviant aedes meae, ei tamen cum quo agitur non serviunt: hoc igitur intendo habere me ius altius tollendi invito eo cum quo ago: quantum enim ad eum pertinet, liberas aedes habeo.

D. 8. 5. 4. 8

Si cui omnino altius tollere non liceat, adversus eum recte agetur ius ei non esse tollere. haec servitus et ei, qui ulteriores aedes habet, deberi poterit.

D. 8, 5, 4, 6

对于汲水，由于是一项役权，我们就可以提起对物之诉。

D. 8, 5, 4, 7

在下列情况中，即某人的建筑物不是完全无役权负担，只是不向某特定邻居的建筑物负担役权，那么关于役权的诉权也被赋予否认向该邻居负担役权的人。比如说我有一幢与塞亚诺及塞普洛尼奥的建筑物接壤的建筑物，我向塞普洛尼奥建筑物负担一项役权，我想起诉禁止我加高的塞亚诺建筑的所有权人；我将提起对物之诉：因为尽管我的建筑物负担着一项役权，但是它并不是我所起诉者所拥有的役权。因此我将这样表达我的请求：我有权违背我所起诉者的意愿加高，因为相对于他，我的建筑物是无役权负担的。

D. 8, 5, 4, 8

如果某人不被允许以任何方式加高其建筑物，那么就可以起诉【主张他】无权加高。这一役权也可以为不直接相邻的建筑物的所有权人所拥有。

D. 8. 5. 5 *Paulus libro vicensimo primo ad edictum*

et ideo si inter meas et Titii aedes tuae aedes intercedant, possum Titii aedibus servitutem imponere, ne liceat ei altius tollere, licet tuis non imponatur: quia donec tu non extollis, est utilitas servitutis.

D. 8. 5. 6pr. *Ulpianus libro septimo decimo ad edictum*

Et si forte qui medius est, quia servitutem non debebat, altius extulerit aedificia sua, ut iam ego non videar luminibus tuis obstaturus, si aedificavero, frustra intendes ius mihi non esse ita aedificatum habere invito te: sed si intra tempus statutum rursus deposuerit aedificium suum vicinus, renascetur tibi vindicatio.

D. 8. 5. 6. 1

Sciendum tamen in his servitutibus possessorem esse[1] iuris et petitorem. et si forte non habeam aedificatum altius in meo, adversarius meus possessor est: nam cum nihil sit innovatum, ille possidet et aedificantem me prohibere potest et civili actione et interdicto quod vi aut clam: idem et si lapilli iactu impedierit. sed[2] si patiente eo aedificavero, ego possessor ero effectus.

---

[1] [eum], vd. Mo. – Kr., nt. 12.
[2] [et], vd. Mo. – Kr., nt. 14.

D. 8, 5, 5 保罗:《论告示》第 21 卷

因此,如果在我的建筑物与提丘的建筑物之间有你的建筑物,我可以在提丘的建筑物上设立一项限制加高役权,虽然此项役权并不设立于你的【建筑物之上】,但只要你不加高你的建筑物,该役权还是有益处的。

D. 8, 5, 6pr. 乌尔比安:《论告示》第 17 卷

如果在中间的人由于不负担任何役权而加高了他的建筑物使得我无法遮挡你的窗户了,我加高了【我的建筑物】,你起诉我,主张没有你的同意我无权加高房子没有任何意义;但是,如果在【导致役权消灭的】时效届满之前,中间的邻居降低了他的建筑物的话,你的请求权将重新恢复。

D. 8, 5, 6, 1

然而,在这些役权中,应当了解谁是"占有人",谁是提出请求人。比如,我并没有加高我的建筑物,而我的相对方是"占有人":由于没有发生任何改变,他享有着权利,并且既可以通过市民法诉讼,也可以通过"制止暴力或者欺瞒"令状禁止我进行建造活动;如果通过投掷一块石头来阻止【新施工】的话,结果也一样。但是如果在他的容忍下建造了,那么我将成为"占有人"。

D. 8. 5. 6. 2

Etiam de servitute, quae oneris ferendi causa imposita erit, actio nobis competit, ut et onera ferat et aedificia reficiat ad eum modum, qui servitute imposita comprehensus est. et Gallus putat non posse ita servitutem imponi, ut quis facere aliquid cogeretur, sed ne me facere prohiberet: nam in omnibus servitutibus refectio ad eum pertinet, qui sibi servitutem adserit, non ad eum, cuius res servit. sed evaluit Servi sententia, in proposita specie ut possit quis defendere ius sibi esse cogere adversarium reficere parietem ad onera sua sustinenda. Labeo autem hanc servitutem non hominem debere, sed rem, denique licere domino rem derelinquere scribit.

D. 8. 5. 6. 3

Haec autem actio in rem magis est quam in personam et non alii competit quam domino aedium et adversus dominum, sicuti ceterarum servitutium intentio.

D. 8. 5. 6. 4

Si aedes plurium dominorum sint, an in solidum agatur, Papinianus libro tertio quaestionum tractat: et ait singulos dominos in solidum agere, sicuti de ceteris servitutibus excepto usu fructu. sed non idem respondendum inquit, si communes aedes essent, quae onera vicini sustinerent.

D. 8, 5, 6, 2

就支柱役权而言，迫使供役物所有权人保护支撑物并按照设定役权时规定的方式修理建筑物的诉权属于我们。加卢认为，不能设定迫使某人做某事的役权，而只能是使之不禁止我做某事的役权。因为就一般的役权而言，修理应由享有役权的人进行，而非由供役物的所有权人进行。然而，赛尔维多的观点更为主流，他认为在上述特殊情况下，一个人有权迫使其相对方修理墙以支撑其重物。拉贝奥则写道：负担此种役权的不是人而是物，因此允许供役物的所有权人放弃其物。

D. 8, 5, 6, 3

该诉讼是对物之诉而非对人之诉，就像所有其他役权诉讼的原告请求（intenzio）一样，不能由别的人而只能由需役房屋的所有权人提起，且只能对供役房屋的所有权人提起。

D. 8, 5, 6, 4

帕比尼安在《问题》第 3 卷中讨论道：在一建筑物由多人共有之时，是否任何一位共有人都可以为整个【役权】而起诉？他说需役地的所有共有人都能为整个建筑物起诉，其他役权也一样，只有用益权除外；但是如果负担支柱役权的建筑物是共有的，则适用不同的规则。

D. 8. 5. 6. 5

Modus autem refectionis in hac actione ad eum modum pertinet, qui in servitute imposita continetur: forte ut reficiat lapide quadrato vel lapide structili vel quovis alio opere, quod in servitute dictum est.

D. 8. 5. 6. 6

Veniunt et fructus in hac actione, id est commodum quod haberet, si onera aedium eius vicinus sustineret.

D. 8. 5. 6. 7

Parietem autem meliorem quidem, quam in servitute impositum est, facere licet: deteriorem si facit, aut per hanc actionem aut per operis novi nuntiationem prohibetur.

D. 8. 5. 7   *Paulus libro vicensimo primo ad edictum*

Harum actionum eventus hic est, ut victori officio iudicis aut res praestetur aut cautio. res ipsa haec est, ut iubeat adversarium iudex emendare vitium parietis et idoneum praestare. cautio haec est, ut eum iubeat de reficiendo pariete cavere neque se neque successores suos prohibituros altius tollere sublatumque habere: et si caverit, absolvetur. si vero neque rem praestat neque cautionem, tanti condemnet, quanti actor in litem iuraverit.

D. 8, 5, 6, 5

在该诉讼中，维修的方式取决于该役权设立的内容：比如说，以方形石头或者小石块来修补，或者以役权设立之时约定的其他方式修补。

D. 8, 5, 6, 6

在此诉中，孳息也将在被考虑的范围之内，也即如果邻居支撑了建筑物的话【给权利人】带来的利益。

D. 8, 5, 6, 7

可以将墙修得比役权约定中要好；如果【供役地权利人】修的低于约定标准，那么或者通过此诉，或者通过新施工告令（nuntiatio novi operis）来禁止他这么做。

D. 8, 5, 7 保罗：《论告示》第 21 卷

此诉胜诉的结果是：根据法官的职权，要么向原告"提供役权"，要么向其订立一项要式口约。提供役权是指：法官命令被告补正墙的瑕疵之处并使之符合役权的要求。而要式口约是指：【法官】命令被告允诺修复墙并且他与他的继承人们都不妨碍其加高并且保持建筑物现状；如果提供了要式口约，就不再承担责任。相反，如果既不提供役权，也不提供要式口约，那么被告将被判处支付原告在誓言中所确定的诉讼估价。

D. 8. 5. 8pr.   *Ulpianus libro septimo decimo ad edictum*

Sicut autem refectio parietis ad vicinum pertinet, ita fultura
aedificiorum vicini cui servitus debetur, quamdiu paries refici-
tur, ad inferiorem vicinum non debet pertinere: nam si non vult
superior fulcire, deponat, et restituet, cum paries fuerit restitutus. et hic quoque sicut in ceteris servitutibus actio contraria
dabitur, hoc est ius tibi non esse me cogere.

D. 8. 5. 8. 1

Competit mihi actio adversus eum, qui cessit mihi talem
servitutem, ut in parietem eius tigna inmittere mihi liceat su-
praque ea tigna verbi gratia porticum ambulatoriam facere super-
que eum parietem columnas structiles imponere, quae tectum
porticus ambulatoriae sustineant.

D. 8. 5. 8. 2

Distant autem hae actiones inter se, quod superior quidem
locum habet etiam ad compellendum vicinum reficere parietem
meum, haec vero locum habet ad hoc solum, ut tigna suscipiat,
quod non est contra genera servitutium.

D. 8，5，8pr. 乌尔比安:《论告示》第 17 卷

然后，就如【负担役权的】墙的维修由邻居承担一样，拥有役权的邻居的建筑物，在墙没有修复之前，楼下的邻居就不用支柱来支撑:因为如果楼上的邻居不想用支柱来支撑，将之拆除，然后等墙修好之后再重建。在此处，就如像其他役权一样，赋予反对之诉（actio contraria），即你无权强迫我用支柱来支撑。

D. 8，5，8，1

我可以向为我设立如下役权的人提出诉讼:根据该项役权我可以在他的墙上插入横梁，在横梁之上架个通行用的拱廊，并且在墙上放置支撑拱廊顶部的砌起来的柱子。

D. 8，5，8，2

这些诉权之间相互也有区别，因为赋予前面【支柱役权的】诉权也是为了促使邻居修缮那堵向我负担役权的墙;赋予此诉则是出于以下目的，即对方接受这些横梁。这一差别与他们分属不同的役权种类并不矛盾。

D. 8. 5. 8. 3

Sed si quaeritur, quis possessoris, quis petitoris partes sus-
tineat, sciendum est possessoris partes sustinere, si quidem tigna
immissa sint, eum, qui servitutem sibi deberi ait, si vero non
sunt immissa, eum qui negat.

D. 8. 5. 8. 4

Et si quidem is optinuerit, qui servitutem sibi defendit, non
debet ei servitus cedi, sive recte pronuntiatum est, quia habet,
sive perperam, quia per sententiam non debet servitus constitui,
sed quae est declarari. plane si non utendo amisit dolo malo domini aedium post litem contestatam, restitui ei oportet, quemadmodum placet in dominio [1] aedium.

---

[1] ⌜domino⌝, vd. Mo. – Kr., nt. 5.

D. 8, 5, 8, 3

但是如果提出这个问题，即谁处于权利人【即被告】的地位，而谁又是诉讼原告，需要了解清楚，如果横梁已经插入了，主张拥有役权的人处于占有人地位；相反，如果横梁尚未插入，那么否认【负担役权】者处于占有人地位。

D. 8, 5, 8, 4

然后，如果主张拥有役权的人胜诉了，并不必为他设立一项役权：因为如果判决是正确的，就意味着他【此前已经】拥有了；如果判决有误，那么不应当通过判决设立一项役权，而是宣告一项既存的役权。如果由于【供役】建筑物所有权人的恶意，【权利人】在争讼开始后由于没有使用而丧失了役权，那么这项役权应当以类似于建筑物所有权的方式得到恢复。

D. 8. 5. 8. 5

Aristo Cerellio Vitali respondit non putare se ex taberna ca-
siaria fumum in superiora aedificia iure immitti posse, nisi ei rei
serviunt: nam[1] servitutem talem admittit. idemque ait: et ex
superiore in inferiora non aquam, non quid aliud immitti licet: in
suo enim alii hactenus facere licet, quatenus nihil in alienum immittat, fumi autem sicut aquae esse immissionem: posse igitur
superiorem cum inferiore agere ius illi non esse id ita facere. Al-
fenum denique scribere ait posse ita agi ius illi non esse in suo
lapidem caedere, ut in meum fundum fragmenta cadant. dicit igitur Aristo eum, qui tabernam casiariam a Minturnensibus con-
duxit, a superiore prohiberi posse fumum immittere, sed Mint-
urnenses ei ex conducto teneri: agique sic posse dicit cum eo,
qui eum fumum immittat, ius ei non esse fumum immittere. ergo
per contrarium agi poterit ius esse fumum immittere: quod et ipsum videtur Aristo probare. sed et interdictum uti possidetis poterit locum habere, si quis prohibeatur, qualiter velit, suo uti.

D. 8. 5. 8. 6

Apud Pomponium dubitatur libro quadragensimo primo lectio-
num, an quis possit ita agere licere fumum non gravem, puta ex fo-
co, in suo facere aut non licere. et ait magis non posse agi, sicut
agi non potest ius esse in suo ignem facere aut sedere aut lavare.

---

[1] < serviunt: nam > , vd. Mo. – Kr. , nt. 6.

D. 8, 5, 8, 5

阿里斯多回答契乐利乌斯·维塔里斯（Cerellius Vital-is）说，奶酪作坊的烟不能合法地排往位于其上的建筑物，除非上面的建筑物负担有排烟役权，阿里斯多承认存在这类役权。同一法学家还认为，并不允许将水或别的物从高地排放到低地上，因为一个人只许在他自己的财产上进行作业，只要不将某物排放到他人财产上。排烟就像排水一样都是排放行为；因而高地的所有权人可以对低地的所有权人提起诉讼，主张后者无权排烟。最后他说，阿尔芬写道，人们可以提起诉讼主张一个人无权在其土地上采石而将碎石掉到我的土地上。因此阿里斯多认为，向旻突那自治市租赁了一个奶酪作坊的人可能被位于其上的人禁止排烟，但是自治市基于租赁之诉应当向其承担责任。他还说，可以对排烟之人提起诉讼，主张他无权排烟；在相反情况下，可以提起诉讼主张他有权排烟。阿里斯多也赞同这一观点。然而，如果一个人按其意愿使用它自己的财产而受到妨碍，他可使用现状占有令状（interdictum uti possidetis）。

D. 8, 5, 8, 6

彭波尼在《案例选编》第41卷中提出一个问题，即是否可以提起诉讼以主张他有权在自己的物上制造少量的烟，如因炉灶而产生的烟。他更倾向于认为不能将此作为诉讼的理由，就像不能提起诉讼以主张他有权在自己的物上生火、休息或者洗刷一样。

D. 8. 5. 8. 7

Idem in diversum probat: nam et in balneariis [1] , inquit, vaporibus cum Quintilla cuniculum pergentem in Ursi Iuli instruxisset, placuit potuisse tales servitutes imponi.

D. 8. 5. 9pr.   *Paulus libro vicensimo primo ad edictum*

Si eo loco, per quem mihi iter debetur, tu aedificaveris, possum intendere ius mihi esse ire agere: quod si probavero, inhibebo opus tuum. item Iulianus scripsit, si vicinus in suo aedificando effecerit, ne stillicidium meum reciperet, posse me agere de iure meo, id est ius esse immittendi stillicidium, sicut in via diximus. sed si quidem nondum aedificavit, sive usum fructum sive viam habet, ius sibi esse ire agere vel frui intendere potest: quod si iam aedificavit dominus, is qui iter et actum habet adhuc potest intendere ius sibi esse, fructuarius autem non potest, quia amisit usum fructum: et ideo de dolo actionem dandam hoc casu Iulianus ait. contra si in itinere, quod per fundum tibi debeo, aedifices, recte intendam ius tibi non esse aedificare vel aedificatum habere, quemadmodum si in area mea quid aedifices.

---

[1]   ⌜balineis⌝, vd. Mo. , ed. maior, nt. 2, emendatio 270 n. 2.

D. 8，5，8，7

同一法学家在另一情形中赞同此观点。他说，昆提拉建了一个通过尤里安·奥索土地之下的管道，可以就浴室的蒸气设立役权的观点曾得到普遍赞同。

D. 8，5，9pr.　保罗：《论告示》第21卷

如果你在负担我通行役权的地方建造，我可以起诉提出请求，主张我有个人通行与运输通行役权：如果我能证明这一点，我就能禁止你的施工。同样，尤里安写道：如果我的邻居在他的土地上进行建筑导致他的土地不能再接收我的排水了，我可以起诉以保护我的权利，也就是说主张我有排水役权，这正如我们在道路通行权处所说的那样。但是如果一方尚未建成，另一方无论是用益物权人还是道路通行权人，都可以起诉要求确认有权个人通行或者运输通行，或者有收取孳息的权利；如果他已经建成了，有个人通行权或运输通行权的人仍然可以起诉要求确认有该等权利；但是用益权人则不能【以此名义起诉】，因为他已经失去了用益权，为此尤里安说在这种情况下，应当赋予他欺诈之诉的诉权。相反，如果你在我所赋予你役权的通道上进行建造，我可以起诉请求主张你无权建造也无权拥有建筑物，就如你在我的土地上建造某物一样。

D. 8. 5. 9. 1

Qui latiore via vel angustiore usus est, retinet servitutem, sicuti qui aqua, ex qua ius habet utendi, alia mixta usus est, retinet ius suum.

D. 8. 5. 10pr. *Ulpianus libro quinquagensimo tertio ad edictum*

Si quis diuturno usu et longa quasi possessione ius aquae ducendae nactus sit, non est ei necesse docere de iure, quo aqua constituta est, veluti ex legato vel alio modo, sed utilem habet actionem, ut ostendat per annos forte tot usum se non vi non clam non precario possedisse.

D. 8. 5. 10. 1

Agi autem hac actione poterit non tantum cum eo, in cuius agro aqua oritur vel per cuius fundum ducitur, verum etiam cum omnibus agi poterit, quicumque aquam nos [1] ducere impediunt, exemplo ceterarum servitutium. et generaliter quicumque aquam ducere impediat, hac actione cum eo experiri potero.

---

[1] ⌐non⌐, vd. Mo. – Kr. , nt. 10.

D. 8, 5, 9, 1

【比约定】更宽或者更窄地使用道路的人，将保持其役权；就如有权使用水而将水与其他水混用，也将保持其役权。

D. 8, 5, 10pr. 乌尔比安:《论告示》第53卷

如果某人通过长期使用水并几乎是长期准占有水而取得了导水权，他无需证明其导水权是基于什么原因——比如遗赠或是其他原因——产生的。然后，他有扩用之诉用以证明他已使用水多年且从未以暴力或从未秘密地、不确定地使用过水。

D. 8, 5, 10, 1

此诉讼不仅可对水源位于其土地上或水被导经其土地的人提起，而且还可对妨碍引水的任何人提起，就像所有的其他役权的情况一样。总之，我可以对任何阻止我引水的人提起该诉讼。

D. 8. 5. 11   *Marcellus libro sexto digestorum*

An unus ex sociis in communi loco invitis ceteris iure aedificare possit, id est an, si prohibeatur a sociis, possit cum his ita experiri ius sibi esse aedificare, et an socii cum eo ita agere possint ius sibi prohibendi esse vel illi ius aedificandi non esse: et si aedificatum iam sit, non possit cum eo ita experiri ius tibi non esse ita aedificatum habere, quaeritur. et magis dici potest prohibendi potius quam faciendi esse ius socio, quia magis ille, qui facere conatur ut dixi, quodammodo sibi alienum quoque ius praeripit, si quasi solus dominus ad suum arbitrium uti iure communi velit.

D. 8. 5. 12   *Iavolenus libro secundo epistularum*

Egi ius illi non esse tigna in parietem meum immissa habere: an et de futuris non immittendis cavendum est? respondi: iudicis officio contineri puto, ut de futuro quoque opere caveri debeat.

D. 8. 5. 13   *Proculus libro quinto epistularum*

Fistulas, quibus aquam duco, in via publica habeo et hae ruptae inundant parietem tuum: puto posse te mecum recte agere ius mihi non esse flumina ex meo in tuum parietem fluere.

D. 8, 5, 11 马尔切罗:《学说汇纂》第 6 卷

有这样一个问题:如果共有权人之一未经其他人的同意是否可以在共有土地上进行建造,也就是说,如果该共有人遭到其他共有人反对之时,是否有权起诉这些人要求主张他有权进行建造,其他共有人是否有权起诉该共有人要求确认有权禁止他的行为,或者该共有人没有【权利】进行建造。【另外一个问题是】如果一旦已经建成了,就不能起诉说该共有人没有这样建造的权利了。主流的观点是,共有人与其说有自己作为的权利,不如说有禁止他人行为的权利。因为当某人试图有上述行为之时,从一定程度上讲,也就是他首先行使了他人的权利,就如他想以其个人的意志以唯一所有权人的姿态行使一项共同的权利。

D. 8, 5, 12 雅沃伦:《书信集》第 2 卷

我提起诉讼主张他无权在我的墙上搭梁;是否需要做出要式口约允诺将来也不搭梁?解答说:我认为应当由法官依据其职权来决定【是否】应当对将来的施工做出要式口约担保。

D. 8, 5, 13 普罗库勒:《书信集》第 5 卷

沿着一条公共通道,我有一条用于引水的管道,管道破损了之后严重弄湿了你的墙;我认为你可以正确地起诉我,主张我无权从我处冲着你的墙排水。

D. 8. 5. 14   *Pomponius libro trigensimo tertio ad Sabinum*

Si, cum meus proprius esset paries, passus sim te immittere tigna quae antea habueris: si nova velis immittere, prohiberi a me potes: immo etiam agere tecum potero, ut ea, quae nova immiseris, tollas.

D. 8. 5. 14. 1

Si paries communis opere abs te facto in aedes meas se inclinaverit, potero tecum agere ius tibi non esse parietem illum ita habere.

D. 8. 5. 15   *Ulpianus libro sexto opinionum*

Altius aedes suas extollendo, ut luminibus domus minoris annis viginti quinque vel impuberis, cuius curator vel tutor erat, officiatur, efficit: quamvis hoc quoque nomine actione ipse heredesque teneantur, quia quod alium facientem prohibere ex officio necesse habuit, id ipse committere non debuit, tamen et adversus possidentem easdem aedes danda est impuberi vel minori actio, ut quod non iure factum est tollatur.

D. 8. 5. 16   *Iulianus libro septimo digestorum*

Si a te emero, ut mihi liceat ex aedibus meis in aedes tuas stillicidium immittere et postea te sciente ex causa emptionis immissum habeam, quaero, an ex hac causa actione quadam vel exceptione tuendus sim. respondi utroque auxilio me usurum.

D. 8, 5, 14　彭波尼：《论萨宾》第 33 卷

我曾经容忍过你将你的木梁搭在我的墙上，如果你再次想将木梁搭在其上，我有权阻止你。而且我也有权起诉你，要求你将新搭的木梁撤出来。

D. 8, 5, 14, 1

如果公共的墙由于你的一项施工而向我的建筑物倾斜了，我可以起诉你，主张你无权如此施工造成墙处于这样的状态。

D. 8, 5, 15　乌尔比安：《观点集》第 6 卷

如果某人在加高他自己的建筑物之时，挡住了一个 25 岁以下的未成年人或者一个未适婚人的房子的采光，而他正是后者的保佐人或者监护人。他本人及其继承人将因为【保佐人或者监护人的】地位而承担责任，就是因为他不能做根据其职责原本应当禁止他人做的行为，然后还应当赋予该未成年人或那个未适婚人一项针对该建筑物占有人的诉权，要求拆除无权建造的那部分。

D. 8, 5, 16　尤里安：《学说汇纂》第 7 卷

如果我从你那里购买了从我的建筑物排水至你的建筑物之上的役权，此后我基于购买行为就开始排水，对此你也是知情的。在此我提出一个问题：我是否可以以此名义通过诉权或者抗辩得到保护。解答说：我能使用这两者。

D. 8. 5. 17pr.   *Alfenus libro secundo digestorum*

Si quando inter aedes binas paries esset, qui ita ventrem faceret, ut in vicini domum semipedem aut amplius procumberet, agi oportet ius non esse illum parietem ita proiectum in suum esse invito se.

D. 8. 5. 17. 1

Cum in domo Gaii Sei locus quidam aedibus Anni ita serviret, ut in eo loco positum habere ius Seio non esset, et Seius in eo silvam sevisset, in qua labra et tenes cucumellas positas haberet, Annio consilium omnes iuris periti dederunt, ut cum eo ageret ius ei non esse in eo loco ea posita habere invito se.

D. 8. 5. 17. 2

Secundum cuius parietem vicinus sterculinum fecerat, ex quo paries madescebat, consulebatur, quemadmodum posset vicinum cogere, ut sterculinum tolleret. respondi, si in loco publico id fecisset, per interdictum cogi posse, sed si in privato, de servitute agere oportere: si damni infecti stipulatus esset, possit per eam stipulationem, si quid ex ea re sibi damni datum esset, servare.

D. 8, 5, 17pr. 阿尔芬:《学说汇纂》第 2 卷

在两个房屋之间有一堵墙,墙突出了一块以至于伸入了邻居家半尺或者更多,【邻居】可以起诉主张未经同意,对方无权将墙突出伸入到己方的房屋里。

D. 8, 5, 17, 1

盖尤斯·塞亚诺家里的某一特定部分向邻居安尼奥的建筑物负担了一项役权,据此塞亚诺无权在该处放置物品;塞亚诺在此处种植了树木,并在此处设置了一个水池和浇水用的容器,所有的法学家们都建议安尼奥起诉塞亚诺,主张未经其同意对方不得在该地放置这些物品。

D. 8, 5, 17, 2

沿着他人的一堵墙,邻居建造了一个粪坑,此墙也因此而被腐蚀了;咨询意见:应当以何种方式迫使邻居移走这个粪坑。解答说:如果是在公共土地上建造的,那么可以通过令状来要求对方;但是如果是一个私人的地方,则应当通过役权【否认】之诉;如果订立了要式口约对潜在损害担保,如果源于该物发生了一项损害,【解答说】则可以通过该要式口约要求损害赔偿。

D. 8. 5. 18 *Iulianus libro sexto ex Minicio*

Is, cuius familia vicinum prohibebat aquam ducere, sui potestatem non faciebat, ne secum agi posset: quaerit actor, quid
sibi faciendum esset. respondi oportere praetorem causa cognita
iubere bona adversarii possideri et non ante inde discedere,
quam is actori ius aquae ducendae constituisset et si quid, quia
aquam ducere prohibitus esset, siccitatibus detrimenti cepisset,
veluti si prata arboresve restituisset[1].

D. 8. 5. 19 *Marcianus libro quinto regularum*

Si de communi servitute quis bene quidem deberi intendit,
sed aliquo modo litem perdidit culpa sua, non est aequum hoc
ceteris damno esse: sed si per collusionem cessit lite adversario,
ceteris dandam esse actionem de dolo Celsus scripsit, idque ait
Sabino placuisse.

D. 8. 5. 20pr. *Scaevola libro quarto digestorum*

Testatrix fundo, quem legaverat, casas iunctas habuit: quaesitum est, si hae fundo legato non cederent eumque legatarius vindic-
asset, an iste fundus aliquam servitutem casis deberet aut, si ex fi-
deicommissi causa cum sibi dari legatarius desideraret, heredes servitutem aliquam casis excipere deberent. respondit deberi.

---

[1] ⌜exaruisset⌝, vd. Mo. – Kr., nt. 10.

D. 8, 5, 18 尤里安:《评米尼奇》第6卷

某人的奴隶阻止了他的邻居引水,此人躲避了以使得不能向他起诉;原告提出问题:他就此能够做什么?答复说:应当由裁判官在审前审查之后,命令被告相关物品的占有转至【原告】,并且在被告为原告设立一项引水役权之前原告不必归还占有。并且如果原告因为不能引水而造成干涸从而遭受损失的话——比如说草场和树木枯萎了——将得到损害赔偿。

D. 8, 5, 19 马尔西安:《规则集》第5卷

如果一个共有役权的共有人之一以正确的诉讼要求(intenzio)起诉主张该役权,但是由于他自己的过错败诉了,因此给所有其他共有人带来损害是不公平的;如果是因为与被告勾结而败诉,杰尔苏写道:赋予其他共有人欺诈之诉的诉权;他说萨宾也是这样认为的。

D. 8, 5, 20pr. 夏沃拉:《学说汇纂》第4卷

女遗嘱人在其遗赠他人的土地上有几座小房子,提出了这样一个问题:如果这些小房子没有随着土地一同遗赠,受遗赠人主张该土地,该土地要向这些小房子负担役权吗?或者如果受遗嘱人主张说,该土地是以遗产信托(fideicom-missum)的形式给他的,那么继承人是否需要向这些小房子负担一些役权呢?答复说:需要负担。

D. 8. 5. 20. 1

Plures ex municipibus, qui diversa praedia possidebant,
saltum communem, ut ius compascendi haberent, mercati sunt
idque etiam a successoribus eorum est observatum: sed nonnulli
ex his, qui hoc ius habebant, praedia sua illa propria venum dederunt. quaero, an in venditione etiam ius illud secutum sit
praedia, cum eius voluntatis venditores fuerint, ut et hoc alienar-
ent. respondit id observandum, quod actum inter contrahentes
esset: sed si voluntas contrahentium manifesta non sit, et hoc ius
ad emptores transire. item quaero, an, cum pars illorum proprio-
rum fundorum legato ad aliquem transmissa sit, aliquid iuris secum huius compascui traxerit. respondit, cum id quoque ius fundi, qui legatus esset, videretur, id quoque cessurum legatario.

D. 8. 5. 21   *Labeo libro primo pithanon a Paulo epito-*
matorum

Si qua aqua nondum apparet, eius iter ductus constitui non
potest. *Paulus*: immo puto idcirco id falsum esse, quia cedi potest, ut aquam quaereres et inventam ducere liceret.

D. 8, 5, 20, 1

占有着不同土地的不同的市民一起购买了一块牧场以便于拥有共同放牧的权利，此项权利也被保留给了他们的继承人。拥有此项【放牧】权的人中的一部分将他们各自的土地出售了。我提出这么个问题：在出售中，是否这共同放牧权也因为出售人有意同时转让该项权利而跟随着土地一起转让了呢？解答说：对于合同双方当事人所约定事项应当尊重；但是如果当事人对此并没有明确表示，此项权利也转移给买受人。在此我再提出个问题：如果通过遗赠转移了他人各自所有的土地的一部分，是否也因此转移了这项共同放牧权？解答说：基于这一共同放牧权是被遗赠土地的权利，该项权利也将被转让给受遗赠人。

D. 8, 5, 21 拉贝奥：《保罗学说摘要》第 1 卷

如果还没有水，则不能设立通往水源的役权或者引水权。保罗说，这并不正确，出于以下原因我认为上述判断是错误的：可以设立一项寻水的役权，并且一旦找到水源就有权引水。

VI
QUEMADMODUM SERVITUTES AMITTUNTUR

D. 8. 6. 1   *Gaius libro septimo ad edictum provinciale*

Servitutes praediorum confunduntur, si idem utriusque praedii dominus esse coeperit.

D. 8. 6. 2   *Paulus libro vicensimo primo ad edictum*

Qui iter et actum habet, si statuto tempore tantum ierit, non
perisse actum, sed manere Sabinus Cassius Octavenus aiunt:
nam ire quoque per se eum posse qui actum haberet.

D. 8. 6. 3   *Gaius libro septimo ad edictum provinciale*

Iura praediorum morte et capitis deminutione non perire vul-
go traditum est.

第六节
地役权消灭的方式

D. 8, 6, 1 盖尤斯：《论行省告示》第7卷

如果同一人成为两块土地的所有权人，地役权便因混合而消灭。

D. 8, 6, 2 保罗：《论告示》第21卷

萨宾、卡西和渥塔维诺都说：如果同时有个人通行权和运输通行权的人在约定的时间里只是行使个人通行权，那么运输通行权并不消灭，而是将得到继续保留：因为拥有运输通行权的人也可以只行使个人通行权。

D. 8, 6, 3 盖尤斯：《论行省告示》第7卷

地役权并不随着【权利人的】死亡或者人格减等而消灭，这一点是得到普遍认同的。

D. 8. 6. 4 *Paulus libro vicensimo septimo ad edictum*

Iter sepulchro debitum non utendo numquam amittitur.

D. 8. 6. 5 *Idem libro sexagensimo sexto ad edictum*

Servitus et per socium et fructuarium et bonae fidei possessorem nobis retinetur:

D. 8. 6. 6pr. *Celsus libro quinto digestorum*

nam satis est fundi nomine itum esse.

D. 8. 6. 6. 1

Si ego via, quae nobis per vicini fundum debebatur, usus fuero, tu autem constituto tempore cessaveris, an ius tuum amiseris? et e contrario, si vicinus, cui via per nostrum fundum debebatur, per meam partem ierit egerit, tuam partem ingressus non fuerit, an partem tuam liberaverit? Celsus respondit: si divisus est fundus inter socios regionibus, quod ad servitutem attinet, quae ei fundo debebatur, perinde est, atque si ab initio duobus fundis debita sit: et sibi quisque dominorum usurpat servitutem, sibi non utendo deperdit nec amplius in ea re causae eorum fundorum miscentur: nec fit ulla iniuria ei cuius fundus servit, immo si quo melior, quoniam alter dominorum utendo sibi, non toti fundo proficit.

D. 8, 6, 4　保罗:《论告示》第 27 卷

通往墓地的通行役权,不会因为不使用而消灭。

D. 8, 6, 5　同一作者:《论告示》第 66 卷

我们通过共有人、用益权人和善意占有人保持役权。

D. 8, 6, 6pr.　杰尔苏:《学说汇纂》第 5 卷

因为只要因【需役】地的原因而通过就足够了。

D. 8, 6, 6, 1

如果我一直使用邻居的土地向我们所负担的道路通行权,而你在约定的时间里停止了使用,你会失去你的权利吗? 反过来说,在我们共同的土地上拥有道路通行权的邻居,只是在土地属于我的部分上行使个人通行权和运输通行权,从未经过你的部分,那么你的土地是否因此获得自由呢? 杰尔苏解答说:如果土地被共有人分割成两小块了,对于土地原本负担的役权,则视为该役权自始是设立在两块土地之上的;对于任何共有人,使用役权则保留其自己的役权,不行使役权则将丧失其自己的役权,但是两块土地的情况则不能与此相混淆;这样对于那个负担役权的土地的所有权人来说,也不属于一个不正义的行为;进一步讲,这样对他反而带来利益,因为两个共有人中的一个使用【该项役权】,因为使用者是利于自己而不是利于整块土地。

1a.

Sed si is fundus qui servierit ita divisus est, plusculum du-
bitationis ea res habet: nam si certus ac finitus viae locus est,
tunc, si per longitudinem eius fundus divisus est, eadem omnia
servanda erunt, quae si initio constituendae eius servitutis similiter hic duo fundi fuissent: si vero per latitudinem viae fundus divisus est (nec multum refert, aequaliter id factus est an inae-
qualiter), tunc manet idem ius servitutis, quod fundo indiviso
fuerat, nec aut usu detineri aut non utendo deperire nisi tota via
poterit: nec si forte inciderit, ut semita, quae per alterum
dumtaxat fundum erit, uteretur, idcirco alter fundus liberabitur,
quoniam unum atque eo modo individuum viae ius est.

1a.

　　但是如果土地是以下面这种方式被分割的话，问题将显得更为疑难一些。因为如果道路通行权所经过之处是确定的，那么如果土地分割之后，该经过之处沿着长度被一分为二的话，役权将如同原本就是分开的两块土地那样。相反，如果土地沿着所经过之处的宽度一分为二的话【是否均分还是不一样长并不重要】，役权就如同土地未被分割那样保留，要么整个役权因使用而保留，要么整个役权因未使用而消灭；如果某人在那条只通过两块土地之一的小道上通行，也不能因此而使得另一块土地解除役权负担，因为道路通行权只是一项，同时也是不可分的。

1b.

Possunt tamen alterutrum fundum liberare, si modo hoc specialiter convenit: certe si is cui servitus debebatur alterum ex ea divisione fundum redemerit, num ideo minus ea re fundi alterius servitus permanebit? nec video, quid absurdi [1] consecuturum sit eam sententiam fundo altero manente servo: si modo et ab initio potuit angustior constitui via quam lege finita est et adhuc id loci superest in eo fundo, cui remissa servitus non est, ut sufficiat viae: quod si minus loci superest quam viae sufficiat, uterque fundus liberabitur, alter propter redemptionem, alter, quia per eum locum qui superest via constitui non potest.

1c.

Ceterum si ita constitutum est ius viae, ut per quamlibet partem fundi ire agere liceat, idque vel subinde mutare nihil prohibet atque ita divisus est fundus: si per quamlibet eius partem aeque ire atque agi possit, tunc perinde observabimus atque si ab initio duobus fundis duae servitutes iniunctae fuissent, ut altera retineri, altera non utendo possit deperire.

---

[1]   ⌐absurde⌐, vd. Mo. – Kr. , nt. 2.

1b.

只要有特别的约定，【分割后两块】土地的所有权人之一可以解除役权负担。当然，如果役权人在供役地一分为二之后购买了其中的一块，相对于分割后的另一块土地，役权是否消灭呢？根据另一土地负担役权这一观点，我并不认为将导致荒谬的结论，只要从一开始就能设立一条比所设立的那条更窄的道路并且原道路留下来的空间足以【设立】道路通行权。但是如果留下的空间都不足以【设立】道路通行权，那么两块土地都将解除役权负担，一块是因为购买的原因，另一块是因为【分割之后】道路通行权因为空间问题而不能在此设立。

1c.

此外，如果道路通行权是以这样的方式设立的：既可以个人通行或者运输通行于土地的任一部分，并且随时都可以改变路线，并且如果土地被分割，那么还是同样可以个人通行或者运输通行于土地的任一部分，那么就如自始都是在两块土地上设立了两项役权，这样一项役权将得到保留而另外一项则因为不行使而消灭。

1d.

Nec me fallit alieno facto ius alterius immutatu iri, quoniam ante satius fuerat per alteram partem ire agere, ut idem ius et[1] in altera parte fundi retineretur: contra illud commodum accessisse ei cui via debebatur, quod per duas pariter vias ire agere possit bisque octonos in porrectum et senos denos in anfractum.

D. 8. 6. 7   *Paulus libro tertio decimo ad Plautium*

Si sic constituta sit aqua, ut vel aestate ducatur tantum vel uno mense, quaeritur quemadmodum non utendo amittatur, quia non est continuum tempus, quo cum uti[2] potest, non sit usus. itaque et si alternis annis vel mensibus quis aquam habeat, duplicato constituto tempore amittitur. idem et de itinere custoditur. si vero alternis diebus aut die toto aut tantum nocte, statuto legibus tempore amittitur, quia una servitus est: nam et si alternis horis vel una hora cottidie servitutem habeat, Servius scribit perdere eum non utendo servitutem, quia id quod habet cottidianum sit.

---

[1] ⌜ei⌝, vd. Mo. – Kr. , nt. 6.
[2] [non], vd. Mo. – Kr. , nt. 9.

1d.

我并没有忽略因第三人的行为导致改变他人权利【这种情形】，因为只要最初在一部分上【行使】个人通行权与运输通行权，就足以能够保留在土地的另外部分上的役权；从另一方面讲，对于道路通行权的权利人，则更是获得了以同样的方式在两个在直行之处 8 尺、拐弯之处 16 尺的通道上进行个人通行与运输通行的可能。

D. 8，6，7　保罗：《论普拉蒂》第 13 卷

如果引水役权如下设立：或者只在夏季或者只在某一月份引水，提出这么一个问题：在何种情况下会因为不使用而丧失该役权？因为可以使用役权而不使用的那个时间段是不连续的。因此，如果拥有隔年或者隔月的引水役权，将在规定时间的两倍期限内【不使用而】丧失该权利。对于个人通行权也一样。如果【有一项】隔天行使的或者只能白天行使或者只能夜间行使【的役权】，在法律规定的时间内【未使用而】将消灭，因为役权是唯一的：因为如果某人有时辰间隔或者每天某一特定时辰可行使的役权，萨维诺写道：此人将因为不行使役权而丧失，因为他所拥有的是日常不间断【的役权】。

D. 8. 6. 8pr. *Idem libro quinto decimo ad Plautium*

Si stillicidii immittendi ius habeam in aream tuam et per-
misero ius tibi in ea area aedificandi, stillicidii immittendi ius
amitto. et similiter si per tuum fundum via mihi debeatur et per-
misero tibi in eo loco, per quem via mihi debetur, aliquid
facere, amitto ius viae.

D. 8. 6. 8. 1

Is qui per partem itineris it totum ius usurpare videtur.

D. 8. 6. 9 *Iavolenus libro tertio ex Plautio*

Aqua si in partem aquagi influxit, etiamsi non ad ultima loca pervenit, omnibus tamen partibus usurpatur.

D. 8. 6. 10pr. *Paulus libro quinto decimo ad Plautium*

Si communem fundum ego et pupillus haberemus, licet uterque non uteretur, tamen propter pupillum et ego viam retineo.

D. 8, 6, 8　同一作者：《论普拉蒂》第15卷

如果我对你的土地拥有滴水役权，如果我允许你在该地建造，那么我将丧失滴水役权。类似的情况有，如果我在你的土地上有一道路通行权，如果我允许你在我的道路通行权经过之处从事【某些妨碍役权行使的】活动的话，那么我也将丧失道路通行权。

D. 8, 6, 8, 1

只是在个人通行的部分之上行使个人通行权的人，他被认为能够完整地保留他的【役】权。

D. 8, 6, 9　雅沃伦：《评普拉蒂》第3卷

如果水只是流至引水渠的一部分，尽管水不能流到引水渠的底端，但是【排水役权】还是被完整地保留着的。

D. 8, 6, 10　保罗：《论普拉蒂》第15卷

如果我与另外一个受监护人（pupilus）共有一块【需役】地，即使我们两人都没有行使役权，但是由于他这个受监护人，我也能保留该项役权。

D. 8. 6. 10. 1

Si is, qui nocturnam aquam habet, interdiu per constitutum
ad amissionem tempus usus fuerit, amisit nocturnam servitutem,
qua usus non est. idem est in eo, qui certis horis aquae ductum
habens aliis usus fuerit nec ulla parte earum horarum.

D. 8. 6. 11pr. *Marcellus libro quarto digestorum*

Is cui via vel actus debebatur, ut vehiculi certo genere
uteretur, alio genere fuerat usus: videamus ne amiserit servitutem et alia sit eius condicio, qui amplius oneris quam licuit
vexerit, magisque hic plus quam aliud egisse videatur: sicuti
latiore itinere usus esset aut si plura iumenta egerit quam licuit
aut aquae admiscuerit aliam. ideoque in omnibus istis quaestioni-
bus servitus quidem non amittitur, non autem conceditur plus
quam pactum est in servitute habere.

D. 8. 6. 11. 1

Heres, cum legatus esset fundus sub condicione, imposuit
ei servitutes: extinguentur, si legati condicio existat. videamus,
an adquisitae sequantur legatarium: et magis dicendum est, ut
sequantur.

D. 8, 6, 10, 1

拥有夜间行使引水役权的人，如果在法定消灭期限内只是在白天行使，那么将因为没有行使而丧失此项役权。如果有在特定时间行使的引水权，在约定之外的时辰行使而没有在约定之内的时间行使的话，结论也一样。

D. 8, 6, 11 pr.   马尔切罗：《学说汇纂》第 4 卷

拥有道路通行权或者运输通行权以便于用一种特定的车辆运输通行的人，他用了另外一种车辆运输：我们看一下他是否因此丧失役权；也看一下另外一个运输了比所被允许的更重【货物】的人的情况是否有所不同，此人被认为是运输超重而不是用约定之外的东西运输；就像【其他情形如】更宽地使用了通道，或者让超过允许数额的驮兽运输通行了，或者将其他水与被允许引导的水相混合。在所有这些所讨论的情形中，事实上役权并不丧失，但同时也不能取得比役权约定更多的权利内容。

D. 8, 6, 11, 1

一块土地被附有条件地遗赠了，而【同时】继承人在该土地上设立了一些役权，当遗赠的条件成就之时，上述役权消灭。我们看一下土地上取得的役权是否也随着土地由遗赠人取得了，更应当得到赞同的观点是由他取得。

D. 8. 6. 12   *Celsus libro vicensimo tertio digestorum*

Qui fundum alienum bona fide emit, itinere quod ei fundo debetur usus est: retinetur id ius itineris: atque etiam si precario aut vi deiecto domino possidet: fundus enim qualiter qualiter[1] se habens ita, cum in suo habitu possessus est, ius non deperit, neque refert, iuste nec ne possideat, qui talem eum possidet. quare fortius et si aqua per rivum sua sponte perfluxit, ius aquae ducendae retinetur. quod et Sabino recte placet, ut apud Neratium libro quarto membranarum scriptum est.

D. 8. 6. 13   *Marcellus libro septimo decimo digestorum*

Si quis ex fundo, cui viam vicinus deberet, vendidisset locum proximum servienti fundo non imposita servitute et intra legitimum tempus, quo servitutes pereunt, rursus eum locum adquisisset, habiturus est servitutem, quam vicinus debuisset.

---

[1]   < qualiter > , vd. Mo.   – Kr. , nt. 17.

D. 8, 6, 12 杰尔苏:《学说汇纂》第 23 卷

从非所有权人处善意购买了土地的人,使用了该土地所拥有的一项个人通行役权,这项役权将得到保留;以临时名义占有的人亦同;使用暴力将所有权人驱逐出去的人亦同:【役】权不会丧失,因为无论是以何种方式获得都是占有着,在该种情况下占有人是否有权占有无关紧要。因此,进一步讲,即使水是自然地在水渠中流淌,引水权也可以得到保留。如内拉蒂在《论羊皮纸书》第 4 卷中所写,萨宾也非常正确地赞同这一观点。

D. 8, 6, 13 马尔切罗:《学说汇纂》第 17 卷

如果将一块需役地紧临着供役地的一小部分出售出去,并且在出售的部分之上未设立同样的役权,然后在役权消灭的法定期限未届满之时又将之买回,那么邻居仍然向其负担该项役权。

D. 8. 6. 14 *Iavolenus libro decimo ex Cassio*

Si locus, per quem via aut iter aut actus debebatur, impetu fluminis occupatus esset et intra tempus, quod ad amittendam servitutem sufficit, alluvione facta restitutus est, servitus quoque in pristinum statum restituitur: quod si id tempus praeterierit, ut servitus amittatur, renovare eam cogendus est.

D. 8. 6. 14. 1

Cum via publica vel fluminis impetu vel ruina amissa est, vicinus proximus viam praestare debet.

D. 8. 6. 15 *Idem libro secundo epistularum*

Si, cum servitus mihi per plures fundos deberetur, medium fundum adquisivi, manere servitutem puto, quia totiens servitus confunditur, quotiens uti ea is ad quem pertineat non potest: medio autem fundo adquisito potest consistere, ut per primum et ultimum iter debeatur.

D. 8，6，14 pr. 雅沃伦：《评卡西》第 10 卷

如果道路通行权（via）或个人通行权或者运输通行权经过之处被河水蔓延，在役权消灭的法定期限届满之前由于河流冲击原本通行之处又回来了，那么役权也将恢复到最初的状况。相反，如果役权消灭的法定期限已经届满了，【供役地的所有权人】有义务重新设立该项役权。

D. 8，6，14，1

当一条公共道路被泛滥的河水或泥石流毁坏之时，其土地离道路最近的人有义务提供通行的道路。

D. 8，6，15 同一法学家：《书信集》第 2 卷

当我有一项经过多块土地的【个人通行】役权之时，我购买了中间的那块土地，我认为役权仍然保留，每当发生混合而导致役权人无法行使役权之时将造成役权消灭，但是购买了中间的那块土地的役权还可以得到保留，以便在首尾两块土地上继续行使个人通行权。

D. 8. 6. 16 *Proculus libro primo epistularum*

Aquam, quae oriebatur in fundo vicini, plures per eundem
rivum iure ducere soliti sunt, ita ut suo quisque die a capite du-
ceret, primo per eundem rivum eumque communem, deinde ut
quisque inferior erat, suo quisque proprio rivo, et unus statuto
tempore, quo servitus amittitur, non duxit. existimo eum ius ducendae aquae amisisse nec per ceteros qui duxerunt eius ius usur-
patum esse: proprium enim cuiusque eorum ius fuit neque per alium usurpari potuit. quod si plurium fundo iter aquae debitum esset, per unum eorum omnibus his, inter quos is fundus communis
fuisset, usurpari potuisset. item si quis eorum, quibus aquae ductus servitus debebatur et per eundem rivum aquam ducebant, ius
aquae ducendae non ducendo eam amisit, nihil iuris eo nomine
ceteris, qui rivo utebantur, adcrevit idque commodum eius est,
per cuius fundum id iter aquae est[1], quod non utendo pro parte
unius amissum est: libertate enim huius partis servitutis fruitur.

D. 8. 6. 17 *Pomponius libro undecimo ex variis lec-
tionibus*

Labeo ait, si is, qui haustum habet, per tempus, quo servitus amittitur, ierit ad fontem nec aquam hauserit, iter quoque
eum amisisse.

---

[1]   < est >, vd. Mo. – Kr., nt. 20.

D. 8, 6, 16 普罗库勒:《书信集》第 1 卷

若干个邻居根据一项役权从水源在邻居土地上的同一水渠中引水,这样每个人都在各自约定的那天里引水;在第一段中,是所有人共有的一条水渠;在后面则是由于土地一块比一块低而每个人各自有一条水渠;发生了【其中】一人在役权消灭的法定期限内未进行引水的事情。我认为此人丧失了引水的役权,他的役权不因为别人继续引水而得到保留:因为役权是属于每个个人的,不能通过他人而得到保留。因为如果引水权是为一块共有的土地设立的,那么任一共有人都能为该需役地的所有共有人保留役权。同理,如果拥有引水权并且从同一水渠中引水的若干人中有一人由于不进行引水而丧失了他的引水权,并不因此而给其他使用该水渠的人带来任何权利的增长;这个利益归属于他的供役地的权利人:因为他的部分役权负担被解除了。

D. 8, 6, 17 彭波尼:《诸课程》第 11 卷

拉贝奥说,汲水权人在役权消灭的法定期限里去了水源处但是未汲水,他【去水源处】的通行权也将丧失。

D. 8. 6. 18pr. *Paulus libro quinto decimo ad Sabinum*

Si quis alia aqua usus fuerit, quam de qua in servitute imponenda actum est, servitus amittitur.

D. 8. 6. 18. 1

Tempus, quo non est usus praecedens fundi dominus, cui servitus debetur, imputatur ei, qui in eius loco successit.

D. 8. 6. 18. 2

Si, cum ius haberes immittendi, vicinus statuto tempore aedificatum non habuerit ideoque nec tu immittere potueris[1], non ideo magis servitutem amittes, quia non potest videri usucepisse vicinus tuus libertatem aedium suarum, qui ius tuum non interpellavit.

---

[1] ⌐poteris⌐, vd. Mo. – Kr. , nt. 21.

D. 8，6，18pr. 保罗:《论萨宾》第 15 卷

如果某人从与一个役权设立之时约定的不同的水源引水的话，役权消灭。

D. 8，6，18，1

拥有役权的土地的前所有人没有使用役权的期限，将记入接替其地位的人。

D. 8，6，18，2

如果你有一项搭梁权，而你的邻居在【导致役权消灭的】法定期限内没有建好房子，因而你无法搭梁，你并不会失去役权，因为未阻止你行使搭梁役权的邻居不可能通过时效取得使他的建筑物解除役权负担。

D. 8. 6. 19pr.   *Pomponius libro trigensimo secundo ad Sabinum*

Si partem fundi vendendo lege caverim, uti per eam partem in reliquum fundum meum aquam ducerem, et statutum tempus intercesserit, antequam rivum facerem, nihil iuris amitto, quia nullum iter aquae fuit[1], sed manet mihi ius integrum: quod si fecissem iter neque usus essem, amittam.

D. 8. 6. 19. 1

Si per fundum meum viam tibi legavero et adita mea hereditate per constitutum tempus ad amittendam servitutem ignoraveris eam tibi legatam esse, amittes viam non utendo. quod si intra idem tempus, antequam rescires tibi legatam servitutem, tuum fundum vendideris, ad emptorem via pertinebit, si reliquo tempore ea usus fuerit, quia scilicet tua esse coeperat: ut iam nec ius repudiandi legatum tibi possit contingere, cum ad te fundus non pertineat.

---

[1]   ⌈fuerit⌉, vd. Mo. – Kr., nt. 1.

D. 8, 6, 19pr. 彭波尼:《论萨宾》第 32 卷

如果在出售土地的一部分之时,通过一个条款我获得一项权利,即通过【被出售的】部分我可以向整个未出售部分引水,在我开挖水渠之前【导致役权消灭的】法定期限届满了,不会丧失该项役权,因为尚未进行过任何引水,我能够保留该项权利;相反,如果我已经开挖水渠但未【在导致役权消灭的法定期限内】引水,那么我将丧失该项役权。

D. 8, 6, 19, 1

如果我通过遗赠赋予你一项穿过我的土地的道路通行权,在接受遗赠之后,你在整个导致役权消灭的法定期限内都忽略了你受遗赠了【该项役权】,那么你将因为没有使用而丧失该道路通行权。但是如果在上述期限内,在你得知受遗赠该项役权之前,你将你的土地出售了,当在剩余的时间里行使该项役权之时,那么道路通行权将属于买受人,因为通行权就已经是你的了。这样的话,既然土地不再属于你,你也就无权再拒绝该项遗赠了。

D. 8. 6. 20 *Scaevola libro primo regularum*

Usu retinetur servitus, cum ipse cui debetur utitur quive in
possessionem eius est aut mercennarius aut hospes aut medicus
quive ad visitandum dominum venit vel colonus aut fructuarius :

D. 8. 6. 21 *Paulus libro quinto sententiarum*

fructuarius licet suo nomine.

D. 8. 6. 22 *Scaevola libro primo regularum*

Denique quicumque quasi debita via usus fuerit,

D. 8. 6. 23 *Paulus libro quinto sententiarum*

(sive ad fundum nostrum facit, vel ex fundo)

D. 8. 6. 24 *Scaevola libro primo regularum*

licet malae fidei possessor sit, retinebitur servitus.

D. 8. 6. 25 *Paulus libro quinto sententiarum*

Servitute usus non videtur nisi is, qui suo iure uti se credid-
it : ideoque si quis pro via publica vel pro alterius servitute usus
sit, nec interdictum nec actio utiliter competit.

D. 8, 6, 20　夏沃拉:《规则集》第1卷

通过使用能保留役权，包括役权人、占有人、工人、客人、医生、【需役地】所有权人的客人、佃农和用益权人的行使。

D. 8, 6, 21　保罗:《判决集》第5卷

即使用益权人是以他自己的名义【行使役权】。

D. 8, 6, 22　夏沃拉:《规则集》第1卷

最后，任何人自以为有权而行使役权。

D. 8, 6, 23　保罗:《判决集》第5卷

【既包括为了去我们的土地上或者回来而行使之】

D. 8, 6, 24　夏沃拉:《规则集》第1卷

即使是恶意占有人，亦能保留其役权。

D. 8, 6, 25　保罗:《判决集》第5卷

如果不是自认为在行使自己权利的人，就不能被认为是在行使役权；因此，如果某人在行使【道路通行权】之时以为这是一条公共的道路或者以为是别人的役权，那么既不能赋予其令状也不能赋予其扩用之诉。

译 后 记

当我提笔写此后记之际，亦意味着给罗马之行点上句点，即使不能称之为圆满的句号：翻译《学说汇纂》是我当年去罗马留学时确定的目标之一。

回首我的留学生涯，往事一一如昨。2003 年 11 月，在恩师费安玲教授的支持下，我开始在北京语言文化大学学习意大利语；次年 8 月我前往意大利锡耶纳外国人大学短期学习了四个星期，考取了中级意大利语证书。此后，在费教授与罗马第二大学斯奇巴尼教授的多方努力之下，我终于申请到一个全额奖学金。从接到奖学金函和通知书之日到预订的航班日期，前后不过短短十二日。期间，在意大利驻华大使馆文化处的帮助下，我顺利获得签证，匆匆收拾行囊，又急急回故乡告别父母，于 2004 年 12 月 10 日踏上了异乡的国土：我的留学生涯始于足下的罗马。

回顾我的留学生活，我只能用幸运二字来形容。初来乍到之时，我得到了当时于罗马留学的薛军师兄、罗智敏师姐在生活上的帮助，使我很快适应了在异国他乡生活的环境；在学习上，我亦得到了罗马第二大学法学院众多教授和同门们的帮助。

从 2004 年 12 月入学到 2008 年 7 月博士论文答辩这

三年半的时间里，除了博士论文的写作，罗马法原始文献的翻译也是我的任务之一。博士二年级时，导师斯奇巴尼教授同费安玲教授、我商量之后，决定让我加入罗马法原始文献的翻译工作，具体给我安排了篇幅较小的《学说汇纂》第六卷与第八卷的翻译任务。为了翻译工作的顺利进行，当时斯奇巴尼教授也特别做出了几项安排：暑期安排我脱产学习了近两个月的拉丁语；指定我阅读了若干本与这两卷《学说汇纂》相关的书籍，以便使我熟悉相关的内容以及法学家们的观点。在此期间，我依据拉丁文并参考其他语言版的译本进行了初步的翻译。然而，因一直无法与另外一位专家协调寻求到共同的空闲时间来安排校对工作，在我博士论文答辩完成并回国工作之前，一直未能对我的翻译初稿进行校对。

　　2008 年下半年，我开始了在中国政法大学民商经济法学院的教学工作。但是，完成这两卷《学说汇纂》译稿的校对工作并将之在中国出版，成了斯奇巴尼教授、费安玲教授和我的共同心愿。多方协调之后，2009 年 2 月底我再次回到了罗马第二大学法学院。

　　协助我进行校对的是纪蔚民博士，他是意大利著名的汉学家，精通拉丁语，并且拥有近二十年的校对罗马法原始文献中文译本的经验。2009 年 3 月到 7 月，前后五个月时间，我们逐字逐句地校对了我的翻译初稿。纪蔚民博士指出了我许多错译之处，亦提出了很多中肯建议。他的博学、认真、严谨、耐心以及无私奉献的精神，给我留下了深刻的印象。在我前后四年的留学生活中，他对我在语言上的帮助、学习中的督促和生活里的照顾，点点滴滴，存于心间，均是我难以用言语来表达谢意的。

有关《学说汇纂》第六卷及第八卷翻译的意义，斯奇巴尼教授在前言中已经做了解读。我仅希望此项翻译成果能给有兴趣研究罗马法的读者提供一些素材，具体意义到底如何，只能由读者自己去评判了。

后记往往是鸣谢的代名词，我也不能免俗。在此，除了感谢在我留学期间帮助过我并深刻影响我的各位意大利教授和罗马的同门师兄师姐之外，我特别要感谢我硕士期间的导师费安玲教授。她最感动我的是她的认真与执着。罗马法并不是一门显学，但是她十年如一日，依然坚守着这块阵地。这些年来，她对我的帮助，我只能说大恩不言谢，只希望在科研上有些许微薄的作为来使她稍感欣慰。

此外，我还要感谢中国政法大学民商经济法学院特别是民法研究所的领导们。感谢他们支持我抽了一个学期的时间再度去罗马完成本书的校对工作。

还要特别感谢我的同门师弟翟远见，在我今年的罗马之行中，他给了我不少帮助，使我很快能投入学习与工作中。

最后，我要感谢我的家人，感谢他们对我在精神上和生活上的支持与帮助。

陈　汉
2009 年 8 月于海淀世纪城

图书在版编目（CIP）数据

　学说汇纂.第8卷,地役权／陈汉译.—北京：中国政法大学出版社，
2009.10

　ISBN 978-7-5620-3574-9

　Ⅰ.学... Ⅱ.陈... Ⅲ.罗马法 - 文集　Ⅳ.D904.1-53

　中国版本图书馆CIP数据核字(2009)第174494号

书　　名	*学说汇纂·第 8 卷*
出 版 人	李传敢
出版发行	中国政法大学出版社(北京市海淀区西土城路 25 号)
	北京 100088 信箱 8034 分箱　　邮政编码 100088
	zf5620@263.net
	http://www.cuplpress.com(网络实名：中国政法大学出版社)
	(010)58908325(发行部)　58908285(总编室)　58908334(邮购部)
承　　印	固安华明印刷厂
规　　格	880×1230　32 开本　　6.875 印张　　100 千字
版　　本	2009 年 11 月第 1 版　　2009 年 11 月第 1 次印刷
书　　号	ISBN 978-7-5620-3574-9/D·3534
定　　价	18.00 元